大方廣佛華嚴經

일러두기

1. 『대방광불화엄경 강설』원문原文의 저본底本은 근세에 교정이 가장 잘 되었다고 정평이 나 있는 대만臺灣의 불타교육기금회佛陀敎育基金會에서 출판한 『화엄경소초華嚴經疏鈔』본입니다.

2. 『대방광불화엄경 강설』은 실차난타實叉難陀가 695년부터 699년까지 4년에 걸쳐 번역해 낸 80권본卷本 『대방광불화엄경』을 우리말로 옮기고 강설을 붙인 것입니다.

3. 『대방광불화엄경』은 애초 산스크리트에서 한역漢譯된 경전이지만 현재 산스크리트 본은 소실된 상태입니다. 산스크리트를 음차한 경우 굳이 원래 소리를 표기하려고 하기보다는 『표준국어대사전』이나 『불교사전』 등에 등재된 한자음을 사용하는 것을 원칙으로 하였습니다.

4. 경문의 한글 번역은 동국역경원본을 참고하여 그대로 또는 첨삭을 하며 의미대로 번역하고 다듬었습니다.

5. 각 품마다 내용에 따라 단락을 나누고 제목을 달았습니다. 단락의 제목은 주로 청량淸凉스님의 견해에 기초하였고 이통현李通玄장자의 견해를 참고로 하였습니다.

6. 『대방광불화엄경 강설』의 발행 순서는 한역 경전의 편재 순서를 기준으로 하였고 각 권은 단행본 한 권씩으로 출간될 예정이며 모두 80권으로 완간됩니다. 다만 80권본에 빠져 있는 「보현행원품」은 80권본 완역 및 강설 후 시리즈에 포함돼 추가될 예정입니다.

7. 『대방광불화엄경 강설』안에서 불교용어를 풀이한 것은 운허스님이 저술하고 동국역경원에서 편찬한 『불교사전』을 인용하였습니다.

8. 각주의 청량스님의 소疏는 대만에서 입력한 大方廣佛華嚴經 사이트의 것을 사용하였습니다.

9. 『대방광불화엄경 강설』입법계품에 들어가는 문수지남도는 북송北宋시대 불국佛國 선사가 선재동자가 53명의 선지식을 친견하여 법을 구하는 장면을 하나하나 그림으로 그린 것입니다.

대방광불화엄경 강설
제 2 권

一. 세주묘엄품世主妙嚴品 2

실차난타實叉難陀 한역
무비스님 강설

서문

"가고 오는 것은 끝없이 계속되지만 움직임과 고요함은 그 근원이 하나다."라고 하였습니다. 그래서 계절은 춘하추동 사시절로 변화하여 시방세계를 아름답게 수놓고 우리들 인생은 생로병사로 순환하여 그 실상을 여실히 드러내 보입니다.

세주묘엄世主妙嚴이란 눈앞에 펼쳐진 두두물물이 모두가 하나같이 세상의 주인으로서 아름답게 장엄한 모습이라는 뜻입니다. 사람은 사람, 동물은 동물, 식물은 식물, 광물은 광물, 어느 것 하나 이 세상 주인이 아닌 존재가 있겠습니까. 하늘은 하늘, 구름은 구름, 산은 산, 물은 물, 그 또한 이 세상의 주인으로서 아름답게 장엄하지 않은 것이 무엇이겠습니까.

80권 화엄경을 강설하여 이제 두 권째에 접어들었습니다. 첫째도 둘째도 세상은 역시 아름답고 인생은 또한 경이

롭습니다. 이와 같이 세상을 알고 인생을 아는 사람은 오직 그 미묘한 덕을 찬탄하고 또 찬탄할 뿐 달리 무슨 말이 필요하겠습니까. 부디 인생을 찬탄합시다. 그 존귀함을 노래합시다. 찬탄의 노래를 허공계가 다하고 중생계가 다하고 중생의 업이 다하고 중생의 번뇌가 다할 때까지 목청껏 부릅시다.

세상을 찬탄하고 인생을 찬탄하여 노래 부르는 이 아름다운 음악회에 동참하신 모든 세상의 주인님께 진실로 머리 숙여 존경합니다. 당신은 진정 아름다운 꽃으로 장엄한 성스러운 대중, 화엄성중華嚴聖衆이십니다.

2014년 1월 24일

신라 화엄종찰 금정산 범어사

如天 無比

대방광불화엄경 목차

제1권	1. 세주묘엄품世主妙嚴品 [1]
제2권	**1. 세주묘엄품世主妙嚴品 [2]**
제3권	1. 세주묘엄품世主妙嚴品 [3]
제4권	1. 세주묘엄품世主妙嚴品 [4]
제5권	1. 세주묘엄품世主妙嚴品 [5]
제6권	2. 여래현상품如來現相品
제7권	3. 보현삼매품普賢三昧品
	4. 세계성취품世界成就品
제8권	5. 화장세계품華藏世界品 [1]
제9권	5. 화장세계품華藏世界品 [2]
제10권	5. 화장세계품華藏世界品 [3]
제11권	6. 비로자나품毘盧遮那品
제12권	7. 여래명호품如來名號品
	8. 사성제품四聖諦品
제13권	9. 광명각품光明覺品
	10. 보살문명품菩薩問明品
제14권	11. 정행품淨行品
	12. 현수품賢首品 [1]
제15권	12. 현수품賢首品 [2]
제16권	13. 승수미산정품昇須彌山頂品
	14. 수미정상게찬품須彌頂上偈讚品
	15. 십주품十住品
제17권	16. 범행품梵行品
	17. 초발심공덕품初發心功德品
제18권	18. 명법품明法品
제19권	19. 승야마천궁품昇夜摩天宮品
	20. 야마천궁게찬품夜摩天宮偈讚品
	21. 십행품十行品 [1]
제20권	21. 십행품十行品 [2]
제21권	22. 십무진장품十無盡藏品
제22권	23. 승도솔천궁품昇兜率天宮品
제23권	24. 도솔궁중게찬품兜率宮中偈讚品
	25. 십회향품十廻向品 [1]
제24권	25. 십회향품十廻向品 [2]
제25권	25. 십회향품十廻向品 [3]
제26권	25. 십회향품十廻向品 [4]
제27권	25. 십회향품十廻向品 [5]
제28권	25. 십회향품十廻向品 [6]
제29권	25. 십회향품十廻向品 [7]
제30권	25. 십회향품十廻向品 [8]
제31권	25. 십회향품十廻向品 [9]
제32권	25. 십회향품十廻向品 [10]
제33권	25. 십회향품十廻向品 [11]
제34권	26. 십지품十地品 [1]
제35권	26. 십지품十地品 [2]
제36권	26. 십지품十地品 [3]
제37권	26. 십지품十地品 [4]
제38권	26. 십지품十地品 [5]

제39권	26. 십지품十地品 [6]		제58권	38. 이세간품離世間品 [6]
제40권	27. 십정품十定品 [1]		제59권	38. 이세간품離世間品 [7]
제41권	27. 십정품十定品 [2]		제60권	39. 입법계품入法界品 [1]
제42권	27. 십정품十定品 [3]		제61권	39. 입법계품入法界品 [2]
제43권	27. 십정품十定品 [4]		제62권	39. 입법계품入法界品 [3]
제44권	28. 십통품十通品		제63권	39. 입법계품入法界品 [4]
	29. 십인품十忍品		제64권	39. 입법계품入法界品 [5]
제45권	30. 아승지품阿僧祇品		제65권	39. 입법계품入法界品 [6]
	31. 여래수량품如來壽量品		제66권	39. 입법계품入法界品 [7]
	32. 보살주처품菩薩住處品		제67권	39. 입법계품入法界品 [8]
제46권	33. 불부사의법품佛不思議法品 [1]		제68권	39. 입법계품入法界品 [9]
제47권	33. 불부사의법품佛不思議法品 [2]		제69권	39. 입법계품入法界品 [10]
제48권	34. 여래십신상해품如來十身相海品		제70권	39. 입법계품入法界品 [11]
	35. 여래수호광명공덕품如來隨好光明功德品		제71권	39. 입법계품入法界品 [12]
			제72권	39. 입법계품入法界品 [13]
제49권	36. 보현행품普賢行品		제73권	39. 입법계품入法界品 [14]
제50권	37. 여래출현품如來出現品 [1]		제74권	39. 입법계품入法界品 [15]
제51권	37. 여래출현품如來出現品 [2]		제75권	39. 입법계품入法界品 [16]
제52권	37. 여래출현품如來出現品 [3]		제76권	39. 입법계품入法界品 [17]
제53권	38. 이세간품離世間品 [1]		제77권	39. 입법계품入法界品 [18]
제54권	38. 이세간품離世間品 [2]		제78권	39. 입법계품入法界品 [19]
제55권	38. 이세간품離世間品 [3]		제79권	39. 입법계품入法界品 [20]
제56권	38. 이세간품離世間品 [4]		제80권	39. 입법계품入法界品 [21]
제57권	38. 이세간품離世間品 [5]		제81권	40. 보현행원품普賢行願品

目次

대방광불화엄경 강설 제2권

一. 세주묘엄품世主妙嚴品 2

🦋 화엄회상 대중들의 위의威儀 ·················· 12

🦋 화엄회상 대중들의 덕행과 인연 ·················· 14

🦋 화엄회상 대중들의 득법得法과 게송 ·················· 20

  1. 묘염해 천왕과 그 대중들의 득법과 게송
    1) 득법 ·················· 20
    2) 게송 ·················· 32
  2. 가애락법광명당 천왕과 그 대중들의 득법과 게송
    1) 득법 ·················· 44
    2) 게송 ·················· 51
  3. 청정혜명칭 천왕과 그 대중들의 득법과 게송
    1) 득법 ·················· 62
    2) 게송 ·················· 70
  4. 가애락광명 천왕과 그 대중들의 득법과 게송
    1) 득법 ·················· 82
    2) 게송 ·················· 91
  5. 대범 천왕과 그 대중들의 득법과 게송
    1) 득법 ·················· 100
    2) 게송 ·················· 108

6. 자재 천왕과 그 대중들의 득법과 게송
    1) 득법 …………………………………………………… 117
    2) 게송 …………………………………………………… 125
7. 선화 천왕과 그 대중들의 득법과 게송
    1) 득법 …………………………………………………… 135
    2) 게송 …………………………………………………… 142
8. 지족 천왕과 그 대중들의 득법과 게송
    1) 득법 …………………………………………………… 152
    2) 게송 …………………………………………………… 159
9. 시분 천왕과 그 대중들의 득법과 게송
    1) 득법 …………………………………………………… 168
    2) 게송 …………………………………………………… 175
10. 석가인다라 천왕과 그 대중들의 득법과 게송
    1) 득법 …………………………………………………… 184
    2) 게송 …………………………………………………… 193
11. 일천자와 그 대중들의 득법과 게송
    1) 득법 …………………………………………………… 205
    2) 게송 …………………………………………………… 213
12. 월천자와 그 대중들의 득법과 게송
    1) 득법 …………………………………………………… 225
    2) 게송 …………………………………………………… 232

대방광불화엄경 강설

제2권

一. 세주묘엄품 2

화엄회상 대중들의 위의威儀

<small>이시 여래도량중해 실이운집 무변</small>
爾時에 **如來道場衆海**가 **悉已雲集**하시니 **無邊**

<small>품류 주잡변만 형색부종 각각차별 수</small>
品類가 **周帀徧滿**하며 **形色部從**이 **各各差別**이라 **隨**

<small>소내방 친근세존 일심첨앙</small>
所來方하야 **親近世尊**하사 **一心瞻仰**하나니라

 그때에 여래의 도량에 바다와 같은 대중들이 모두 운집하였습니다. 끝없는 품류品類들이 두루 가득하였는데 형색과 부류가 각각 다르며, 제각기 온 방위를 따라서 세존을 친근하고 일심으로 우러러보았습니다.

화엄회상의 대중이란 지금 내가 보고 있는 모든 존재들이다. 컴퓨터 자판의 낱낱 글자에서부터 몇 종류의 화엄경과 기타 참고 서적들과 모니터와 책상 위에 널려 있는 갖가지 학용품과 음료수들이다. 눈을 좀 더 돌리면 서가에 쌓여 있는 책들과 방안의 침구와 운동 기구들이다. 창문을 열면 앞마당의 온갖 풀과 나무들, 특히 매화나무가 눈에 들어온다. 좀 더 살펴보면 대나무와 소나무와 잡목들도 눈에 들어온다. 뭉게뭉게 피어오르는 구름과 아득히 먼 푸른 하늘과 태양이 밝게 빛난다.

　　이 모두가 어찌 화엄회상의 청법 대중이 아니겠는가. 실로 "여래의 도량에 바다와 같은 대중들이 모두 운집하였다." "끝없는 품류品類들이 두루 가득하였고 형색과 부류가 각각 다르다." 모든 사물들은 각각 자기의 위치에서 자기의 할 일을 다 하고 있다. 수처작주隨處作主하니 입처개진立處皆眞으로 "세존을 친근하고 일심으로 우러러보고 있다." 다만 제1권에서 소개한 410명의 명칭들은 방편으로 우주 삼라만상의 대표들로서 밝혔을 뿐이다.

화엄회상 대중들의
덕행과 인연

此諸衆會가 **已離一切煩惱心垢**와 **及其餘習**
차제중회   이이일체번뇌심구   급기여습

하야 **摧重障山**하고 **見佛無礙**하니라
     최중장산   견불무애

이 모든 대중들은 일체 번뇌와 마음의 때와 그리고 남은 습기들을 벌써 떠났으며 무거운 업장의 산을 꺾어뜨리고 부처님을 보는 데 아무런 장애가 없었습니다.

금강경에 "무릇 형상이 있는 것은 다 허망하다. 만약 모든 형상을 형상이 아닌 것으로 보면 곧 여래를 본다."[1]라고 하였다. 사람들의 번뇌란 존재의 실상을 진실하게 보지 못하므로 일어나는 것이다. 화엄회상의 대중들은 존재의 실상을 진실하게 잘 꿰뚫어 보고 있어서 번뇌장煩惱障도 소지장所知障도 다 사라졌다. 부처님을 보는 데 무슨 장애가 있겠는가.

如是는 皆以毘盧遮那如來가 往昔之時에 於劫海中에 修菩薩行하사 以四攝事로 而曾攝受라 一一佛所에 種善根時에 皆已善攝하사 種種方便으로 教化成熟하사 令其安立一切智道케하니라

이와 같은 이들은 모두 비로자나 여래가 지나간 옛적 많은 겁 동안 보살행을 닦으면서 네 가지 섭수攝受하

---

1) 凡所有相 皆是虛妄 若見諸相非相 卽見如來.

는 일로써 섭수하였으므로 낱낱 부처님의 처소에서 선근을 심을 때에 다 이미 잘 섭수하였습니다. 갖가지 방편으로 교화하고 성숙하여 일체 지혜의 길에 편안히 머물렀습니다.

네 가지 섭수하는 일이란 보살행의 기본이며 불자가 당연히 실천해야 할 덕목으로서 보시布施와 애어愛語와 이행利行과 동사同事다. 선근을 심는다는 것은 곧 이 사섭법을 잘 실천하는 일이다. 대중들은 이러한 덕행을 다 갖추었다.

種無量善하야 獲衆大福하며 悉已入於方便願海하며 所行之行이 具足淸淨하며 於出離道에 已能善出하며 常見於佛호대 分明照了하니라

또 한량없는 선근善根을 심어서 온갖 큰 복을 얻었으며, 모두 이미 방편과 원력의 바다에 들어갔으며, 행해

야 할 행을 구족하게 청정히 하였으며, 벗어나야 할 길에는 이미 잘 벗어났으며, 항상 부처님을 친견하되 분명하고 밝게 비춰 보았습니다.

　대중들의 덕행이 원만함을 이야기하는 데 불법에서는 선근이 필수다. 불법 그 자체가 선근을 권장하는 가르침이다. 선근은 온갖 큰 복을 얻고 그 복으로 미래의 삶을 아름답고 풍요롭게 만들기 때문이다. 또 본래로 부처님이지만 부처인 중생이 성불하여 다른 중생들을 제도하기를 서원한다. 그와 같은 사람이라면 그의 생활과 행동이 얼마나 품위가 있겠는가. 만약 벗어나야 할 길이 있다면 벌써 벗어났을 것이며, 부처님의 진실한 모습을 보는 데 아무런 장애도 없이 명료하게 볼 것이다.

　　　이승해력　　입어여래공덕대해
　　以勝解力으로 **入於如來功德大海**하니라

　훌륭하게 이해하는 힘으로 여래 공덕의 큰 바다에 들어갔습니다.

여래의 공덕을 이해하려면 여래의 경지가 아니고는 어려울 것이다. 화엄회상에 모인 대중들은 그 이름은 보살로부터 온갖 잡류신중들로 이뤄졌으나 그 수승한 이해의 힘은 여래와 조금도 다르지 않다.

득 어 제 불 해 탈 지 문　　유 희 신 통
得於諸佛解脫之門하야 ***游戲神通***하나라

모든 부처님이 얻으신 해탈의 문을 얻어서 신통으로 유희하였습니다.

불교의 8만4천 법문 중에서 만약 한마디만 선택하라면 해탈이 아닐까 생각한다. 화엄회상의 대중들은 모두 부처님이 얻으신 해탈을 얻었다고 한다. 그 해탈의 경계에서 신통으로 유희하는 것이 대중들의 덕행이다. 동참한 대중들의 얻은 법[得法]은 모두가 해탈이라고 소개하였다. 그래서 누구는 이러한 해탈을 얻었고, 누구는 이러한 해탈을 얻었다고 한다.

해탈이라는 말의 의미는 실로 무궁무진하지만 해탈이야

말로 얼마나 통쾌하고 얼마나 시원하고 얼마나 확실한 소득인가. 그 소득마저도 벗어 던진 것이 해탈이기 때문이다. 대중들이 지닌 덕행을 설명하면서 해탈로 들어가는 문[解脫門]으로서 결론을 짓고, 각자가 얻은 해탈로 들어가는 문을 밝히는 것으로 이어진다.

화엄회상 대중들의
득법得法과 게송

1. 묘염해 천왕과 그 대중들의 득법과 게송

1) 득법

소위묘염해대자재천왕 득법계허공계적
所謂妙焰海大自在天王은 **得法界虛空界寂**
정방편력해탈문
靜方便力解脫門하니라

이른바 묘염해대자재妙焰海大自在 천왕은 법계와 허공계의 적정한 방편의 힘인 해탈문을 얻었습니다.

장항長行과 게송으로 이뤄진 경이 무려 4권이나 계속된다. 여래의 경계는 끝이 없는데 410명이나 되는 대중들이 각각 자신이 얻은 해탈을 따라 여래를 보고, 그들이 본 대로 하나하나 아름다운 게송으로 밝혀 나가면서 여래의 세계, 곧 화엄의 세계를 드러낸다.

운집한 대중들을 소개한 내용에서 설명한 대로 화엄회상의 대중에는 이생중異生衆이 있고 동생중同生衆이 있다. 다시 이생중에는 제천諸天과 팔부八部와 제신諸神이 있다. 다시 또 제천중에는 색계천이 있고 욕계천이 있다. 색계천에 또 정거천淨居天 중의 대자재천이 있는데 지금은 곧 대자재천중이다.

참고로 구사론에서 밝히고 있는 삼계이십팔천三界二十八天에 대해서 설명하면 다음과 같다.

1. 삼계에는 욕계 6천, 색계 18천, 무색계 4천이 있고,
2. 다시 욕계에는 지거천地居天에 3천天과 공거천空居天에 3천天이 있다. 지거천에는 수야마천須夜摩天, 도리천忉利天, 사대왕천四大王天이 있고, 공거천에는 타화자재천他化自在天, 화락천化樂天, 도솔천兜率天이 있다. 이것을 욕계 6

천이라 한다. 사대왕천에는 북다문천北多聞天, 서광목천西廣目天, 남증장천南增長天, 동지국천東持國天이 있다.

3. 색계에는 초선천, 이선천, 삼선천, 사선천, 그리고 정거천淨居天이 있다. 사선천四禪天에는 각각 세 하늘이 있다. 초선천初禪天에는 대범천大梵天, 범보천梵輔天, 범중천梵衆天이 있다. 이선천二禪天에는 광음천光音天, 무량광천無量光天, 소광천少光天이 있다. 삼선천三禪天에는 변정천徧淨天, 무량정천無量淨天, 소정천少淨天이 있다. 사선천四禪天에는 광과천廣果天, 복생천福生天, 무운천無雲天이 있다.

4. 정거천淨居天 또는 정범지淨梵地라는 하늘에는 대자재천大自在天, 색구경천色究竟天, 선견천善見天, 선현천善現天, 무열천無熱天, 무번천無煩天이 있다.

5. 무색계無色界에는 비상비비상처非想非非想處, 무소유처無所有處, 식무변처識無邊處, 공무변처空無邊處가 있다.

모두 욕계 6천과 색계 18천과 무색계 4천, 총 28천이 있다. 사찰에서 새벽에 대종을 28번 치는 것은 이 28천 모든 중생들의 미혹의 잠을 깨우는 것을 상징한다.

먼저 묘염해대자재 천왕이 얻은 법이다. 법계와 허공계는 우주만유와 삼라만상을 다 포함한다. 즉 우주의 모든 존재는 적정이라는 본체의 입장이 있고 방편이라는 작용의 입장이 있다. 이러한 존재의 양면성을 꿰뚫어 앎으로써 해탈을 증득한다. 부처님의 다함 없는 해탈 중에서 묘염해대자재 천왕은 이와 같은 법신해탈을 얻었으며 그것을 밝혔다. 단순히 해탈이라 하지 않고 해탈문解脫門이라고 하는 것은 해탈로 들어가는 문인데 해탈의 큰 경계는 문문가입門門可入이어서 문마다 다 들어갈 수 있고 그중에서 하나의 문이 되기 때문이다. 사찰마다 해탈문이 있는 것은 이와 같은 뜻에서다. 어느 사찰의 문으로 들어간들 해탈하지 못하겠는가.

自在名稱光天王은 得普觀一切法悉自在解脫門하니라

자재명칭광自在名稱光 천왕은 일체 법을 널리 관찰하는데 모두 자재한 해탈문을 얻었습니다.

일체 법의 실상을 널리 관찰하여 장애가 없고 남음이 없으려면 지혜의 몸을 얻어야 한다. 자재명칭광 천왕은 지혜의 몸을 얻어 일체 법의 진실한 모습을 관찰하여 있음에도 걸리지 아니하고 없음에도 걸리지 아니하여 자유자재하게 해탈로 들어가는 문을 얻었다.

淸淨功德眼天王은 得知一切法의 不生不滅과 不來不去하는 無功用行解脫門하니라

청정공덕안淸淨功德眼 천왕은 모든 법이 나지도 않고 멸하지도 않고, 오지도 않고 가지도 않음을 알아서 공용이 없는 행의 해탈문을 얻었습니다.

용수龍樹보살이 지은 중론中論의 팔불중도八不中道에 불생不生, 불멸不滅, 불상不常, 부단不斷, 불일不一, 불이不異, 불래不來, 불거不去가 있다. 여기에서는 처음과 끝만 소개하고 중간은 생략하였다. 모든 존재의 실상은 이 여덟 가지의 법칙으로 존재한다. 즉 여덟 가지 존재 법칙이다. 그러므로 이러한 여

덟 가지 존재 법칙에 맞게 살면 그것은 곧 공용이 없는 삶[無功用行]이다. 예를 들면 육바라밀을 닦아도 닦음이 없고, 또 닦음이 없이 부지런히 닦는 것이다. 청정공덕안 천왕은 이와 같은 이치에서 해탈로 들어가는 문을 얻었다.

가 애 락 대 혜 천 왕 득 현 견 일 체 법 진 실 상 지
可愛樂大慧天王은 **得現見一切法眞實相智**

혜 해 해 탈 문
慧海解脫門하니라

가애락대혜可愛樂大慧 천왕은 일체 법의 진실상을 환하게 보는 지혜바다의 해탈문을 얻었습니다.

일체 법의 진실상이란 무엇일까? 어떻게 보아야 그 진실상을 환하게 보는 것이 될까? 사람은 허망하다. 사람은 공하다. 사람은 그대로가 부처님이다. 이와 같은 공가중空假中 삼관三觀을 원융하게 보아야 한다. 다시 말하면 사람은 부처면서 허망하고 부처면서 공하다. 또한 허망하면서 부처고 허망하면서 공하다. 또한 공하면서 허망하고 공하면서 부

처다. 가애락대혜 천왕은 이러한 이치에서 해탈로 들어가는 문을 얻었다.

不動光自在天王은 得與衆生無邊安樂大方
便定解脫門하니라
<small>부동광자재천왕   득여중생무변안락대방
편정해탈문</small>

부동광자재不動光自在 천왕은 중생들에게 끝없는 안락을 주는 큰 방편과 선정禪定의 해탈문을 얻었습니다.

사람은 누구나 안락을 추구한다. 그러나 대개는 끝없는 안락이 아니라 끝이 있고 한계가 있는 안락이다. 그래서 잠깐 있다가 사라지고 만다. 불교적 안락, 불교적 행복이야말로 진정한 끝없는 안락이다. 그것은 깨달음에 의한 안락뿐이다. 깨달음에는 방편이 필요하고 선정이 필요하다. 부동광자재 천왕은 그것으로 해탈에 들어가는 문을 얻었다.

묘 장 엄 안 천 왕　　　득 영 관 적 정 법　　　멸 제 치 암
妙莊嚴眼天王은 **得令觀寂靜法**하야 **滅諸癡闇**

포 해 탈 문
怖解脫門하니라

묘장엄안妙莊嚴眼 천왕은 고요한 법을 관해서 모든 어리석음의 공포를 소멸하는 해탈문을 얻었습니다.

어리석음의 공포는 무슨 약으로 치료할까? 예를 들면 무슨 문제가 생겼는데 아무런 해결책이 떠오르지 않는다고 하자. 그럴 때는 지금 그 자리에서 조용히 견디고 참고 기다리는 길밖에 없다. 고요한 법을 관찰하는 그것이 치료법이다. 묘장엄안 천왕은 그것으로 해탈에 들어가는 문을 얻었다.

선 사 유 광 명 천 왕　　　득 선 입 무 변 경 계　　불 기
善思惟光明天王은 **得善入無邊境界**하되 **不起**

일 체 제 유 사 유 업 해 탈 문
一切諸有思惟業解脫門하니라

선사유광명善思惟光明 천왕은 끝없는 경계에 잘 들어가

되 모든 존재에 대하여 생각하는 업을 일으키지 않는 해탈문을 얻었습니다.

사람이 세상을 살다 보면 참으로 무수한 경계와 만나게 된다. 그리고 만나는 경계마다 얽히고 설킨다. 그래서 온갖 생각을 다 하게 되고, 또 그 생각을 따라서 업을 짓게 되고, 업을 따라서 고통을 불러오게 된다. 그러므로 경계를 만나더라도 생각을 일으키지 않아야 한다. 그러므로 방(龐, ?~808) 거사는 게송에서 "다만 스스로 만물에 무심하면 만물에 둘러싸인들 무엇이 방해되랴."[2]라고 하였다. 선사유광명 천왕은 이러한 이치에서 해탈에 들어가는 문을 얻었다.

가애락대지천왕 득보왕시방설법   이부
可愛樂大智天王은 **得普往十方說法**호대 **而不**

---

2) 但自無心於萬物 何妨萬物常圍繞 鐵牛不怕獅子吼 恰似木人見花鳥 木人本體自無情 花鳥逢人亦不驚 心境如如只遮是 何慮菩提道不成.

동 무 소 의 해 탈 문
動無所依解脫門하나라

가애락대지可愛樂大智 천왕은 시방에 널리 가서 설법하되 흔들리지 않고 의지하는 바가 없는 해탈문을 얻었습니다.

여러 곳을 다니면서 다양한 계층의 사람들에게 법을 설하다 보면 청중 가운데 어떤 사람이 있는지도 모르고, 혹 사회적으로 지식이 많다든지 경험이 많은 사람들이라면 다소 동요하게도 되고 떨리게도 된다. 자신이 설하고자 하는 내용에 대한 소신이 확고하여 흔들리지 않는 것은 큰 힘이다. 무상無相 해탈문이다. 상을 취하지 않고 여여해서 움직이지 않는 경지다. 가애락대지 천왕은 이러한 이치에서 해탈에 들어가는 문을 얻었다.

보 음 장 엄 당 천 왕   득 입 불 적 정 경 계   보 현
普音莊嚴幢天王은 **得入佛寂靜境界**하야 **普現**

광명해탈문
光明解脫門하니라

보음장엄당普音莊嚴幢 천왕은 부처님의 적정寂靜 경계에 들어가서 광명을 널리 나타내는 해탈문을 얻었습니다.

부처님의 적정 경계에 들어간다는 것은 깨달음의 지혜가 진여에 계합한 것이다. 적정하면서 능히 시방에 두루 응하는 것은 깨달음의 지혜가 그 빛을 발하는 것이다. 보음장엄당 천왕은 이러한 이치에서 해탈로 들어가는 문을 얻었다.

명칭광선정진천왕 　 득주자소오처 　 이이
名稱光善精進天王은 **得住自所悟處**하야 **而以**

무변광대경계 　 위소연해탈문
無邊廣大境界로 **爲所緣解脫門**하니라

명칭광선정진名稱光善精進 천왕은 스스로 깨달은 곳에 머물면서 끝없이 광대한 경계로써 반연할 바를 삼는 해탈문을 얻었습니다.

스스로 깨달은 곳에 머문다는 것은 능각能覺과 소각所覺을 다 떠나서 스스로 깨달은 성스러운 지혜[自覺聖智]가 항상 현전하는 것을 뜻한다. 이러한 경지가 되면 저절로 끝없이 광대한 경계로써 자신이 반연할 바를 삼고 가없는 중생들을 제도하게 된다. 즉 중생무변서원도衆生無邊誓願度다. 명칭광선정진 천왕은 이것으로써 해탈에 들어가는 문을 얻었다.

제1권에서 화엄회상에 동참한 대중들의 이름을 열거할 때는 극정진명칭광極精進名稱光 천왕이라고 되었는데 여기에서는 명칭광선정진名稱光善精進 천왕이라고 되어 있다. 범본에서 번역하면서 약간의 차이가 생긴 것으로 봐야 한다. 앞으로도 종종 나타나는 문제다.

또 동참한 대중들의 이름을 열거할 때와 득법과 게송으로 부처님의 덕을 찬탄하는 순서가 반대로 되어 있다. 비록 열 명씩이지만 이름은 맨 끝에 열거하였으나 득법과 게송은 가장 먼저 하였다.

2) 게송

爾時에 **妙焰海天王**이 **承佛威力**하사 **普觀一切**
이시 묘염해천왕   승불위력   보관일체

自在天衆하고 **而說偈言**하시니라
자재천중   이설게언

그때에 묘염해妙焰海 천왕이 부처님의 위신력을 받들어 일체 자재천의 대중들을 널리 관찰하고 게송을 설하여 말씀하였습니다.

지금까지 득법을 소개한 것은 화엄경을 편찬한 사람, 즉 경가經家가 설명한 것으로 되어 있고, 앞으로는 비로소 설하는 이가 등장하게 된다. 그가 묘염해 천왕이다.

게송에는 두 가지가 있다. 하나는 범어로 기야祇夜다. 응송應頌 또는 중송重頌이라고 번역하는데 경전 속에서 앞에서 산문으로 설명한 내용을 다시 운문으로 나타내는 부분을 말한다. 또 하나는 범어로 가타伽陀다. 풍송諷頌, 고기송孤起頌, 게偈, 게송偈頌이라고도 한다. 앞의 산문 내용과 관계없이 독자적인 뜻을 담고 운문으로 표현한 부분을 말한다. 여기에서 게송이란 곧 가타伽陀다.

대개 설법하는 장소에 부처님이 계시고 자신을 따라온 부종들이 있을 경우 당연히 부처님의 위신력을 받들고 자신의 부종들을 두루 살피고 설하게 된다. 혹은 시방을 두루 살피고 설하는 경우도 있지만 화엄회상에는 동참한 대중들의 단체가 워낙 많다. 대표자로서 자기를 따라온 부종들을 두루 살피고 은근한 눈길을 주어 안심시킨 뒤 뜻깊은 가사와 아름다운 곡조로 천하에 둘도 없는 노래를 읊는 광경을 상상해 보라. 아득하여 끝 간 데 없는 저 우주보다 더 무한히 광대한 화엄법회에 천지가 진동하는 웅대한 팡파르가 들리지 않는가.

불신보변제대회　　　　　충만법계무궁진
佛身普徧諸大會하며　　**充滿法界無窮盡**하시니

적멸무성불가취　　　　　위구세간이출현
寂滅無性不可取로대　　**爲救世間而出現**이로다

부처님의 몸은 모든 대회大會에 두루 계시며
법계에 충만하여 다함이 없네.
적멸하여 체성體性이 없어 취할 수 없건만

세간을 구제하기 위하여 출현하셨네.

　많고 많은 화엄경의 게송 중에서 첫 번째 게송이다. 금강경에서 말씀하시기를, "만약 물질로써 나를 보거나 음성으로써 나를 찾으면 이 사람은 삿된 도를 행하는 것이며 여래를 볼 수 없을 것이다."[3]라고 하였다. 부처님의 몸이란 모든 회상에 두루 계시며 법계에 충만하다. 그렇다면 온 우주 법계가 모두 부처님의 몸이다. 구석구석 형체가 있는 곳이거나 형체가 없는 곳이거나 모두모두 부처님의 몸이다. 바꾸어 말하면 적멸하여 아무것도 없는 것이 부처님의 몸이다. 그래서 어떤 모습이 부처님이라고 취할 수가 없다.

　그렇지만 세상 사람들을 온갖 병고로부터 구제하기 위해서는 다시 또 갖가지 모습을 나타내야 한다. 2천6백 년 전의 역사적인 인물로 나타나기도 하고, 수많은 경전의 가르침으로 나타나기도 하고, 오랜 역사 속에서 등장한 역대 보살과 조사스님들의 모습으로 나타나기도 하고, 사찰마

---

3) 若以色見我 以音聲求我 是人行邪道 不能見如來.

다 법당마다 등상불로 나타나기도 하고, 큰 부처 작은 부처 등등 무수한 방편과 갖가지 모습으로 나타나는 것이 부처님의 몸이다. 모두가 중생들을 교화하기 위하여 출현하신 것이다.

여래법왕출세간
如來法王出世間하사

능연조세묘법등
能燃照世妙法燈하사대

경계무변역무진
境界無邊亦無盡하시니

차자재명지소증
此自在名之所證이로다

여래 법왕께서 세간에 출현하사
세상을 비춰 주는 미묘한 법의 등불 밝히시니
그 경계 끝이 없고 다함이 없는 것은
자재명칭광 천왕이 증득한 바로다.

두 번째 게송은 자재명칭광 천왕이 증득한 내용을 밝혔다. 여래께서 세상에 왜 오셨는가. 어둡고 미혹한 세상에 밝은 진리의 등불을 밝히려고 오셨다. 진리의 가르침이라는 등불을 밝히려고 오셨다. 그 뜻을 만 중생에게 깨우치려고 사

월초파일 부처님 오신 날에 등불을 밝힌다. 법당마다 인등이라는 방편을 써서 법의 등불을 깨우치는 것이다. 그러므로 정법의 가르침이 세상에 널리 전파되면 그것이 곧 미묘한 법의 등불을 밝히는 것이 된다.

불 부 사 의 이 분 별
佛不思議離分別하사

요 상 시 방 무 소 유
了相十方無所有하고

위 세 광 개 청 정 도
爲世廣開淸淨道하시니

여 시 정 안 능 관 견
如是淨眼能觀見이로다

부처님은 불가사의하시어 분별을 초월하셨다.
그 형상은 시방 어디에도 없음을 깨닫고
세상을 위하여 청정한 길을 널리 여시니
이러한 것을 청정공덕안 천왕이 능히 보았네.

세 번째 게송은 청정공덕안 천왕이 깨달은 바를 밝혔다. 부처님의 실상은 참으로 미묘 불가사의하시다. 어떤 생각과 어떤 사량 분별로도 짐작할 길이 없다. 만약 형상이 있으면 그 크기라도 가늠하겠으나 형상은 그 어디에도 없으니 도대

체 알 길이 없다. 그 이치로써 텅 비어 공적[淸淨]한 도를 세상에 열어 보였다. 그래서 "공문空門에서 도를 얻었다."라고 하였다.

여래 지혜 무 변 제
如來智慧無邊際하사

일 체 세 간 막 능 측
一切世間莫能測이라

영 멸 중 생 치 암 심
永滅衆生癡闇心하시니

대 혜 입 차 심 안 주
大慧入此深安住로다

여래의 지혜는 끝이 없어서
모든 세간이 측량할 수 없도다.
중생들의 어리석은 마음 영원히 없애니
가애락대혜 천왕이 여기에 들어가서 깊이 안주하도다.

네 번째는 가애락대혜 천왕이 들어간 법문이다. 보통 사람들의 지식이나 지혜는 사람에 따라서 대단히 큰 차이가 난다. 사람들의 인간성도 마찬가지다. 그런데 정각을 성취하신 여래의 지혜는 참으로 넓고도 깊어서 세상 사람들이 측량할 수 없는 경지다. 그 지혜로 중생들의 어리석은 마음을 영원히 소멸하게 하신다. 이것이 곧 여래가 평생을 통해서 하신 일이며, 따라서 모든 불자도 부처님을 따라 지혜를 배워서 중생들의 어리석은 마음을 소멸하는 불사를 지어야 한다.

여래공덕부사의
如來功德不思議여

중생견자번뇌멸
衆生見者煩惱滅이라

보사세간획안락
普使世間獲安樂게하시니

부동자재천능견
不動自在天能見이로다

여래의 공덕은 불가사의하여
중생들이 보고는 번뇌가 없어지고
온 세간이 널리 안락을 얻게 되나니
부동광자재 천왕이 능히 보았도다.

여래의 불가사의한 공덕을 밝혔다. 여래의 공덕을 중생들이 조금이라도 볼 수 있으면 번뇌도 소멸하고 안락도 얻는다. 사찰에 와서 조각하여 모셔 놓은 등상불만 보고도 마음에 평화를 얻는 사람이 많다. 그 외에도 인연을 따라 얻는 소득이 헤아릴 수 없다. 만약 여래의 진실한 공덕의 실상을 보게 된다면 얼마나 많은 이익이 있을까. 부동광자재 천왕은 이러한 면에서 해탈을 얻었다.

중생치암상미부 여래위설적정법
衆生癡闇常迷覆일새 如來爲說寂靜法하시니
시즉조세지혜등 묘안능지차방편
是則照世智慧燈이라 妙眼能知此方便이로다

중생들은 항상 어리석음으로 덮여 있어서
여래가 그들을 위하여 적정법寂靜法을 설하시니
이것은 세상을 비추는 지혜의 등불이라
묘장엄안 천왕이 능히 이 방편을 알았도다.

중생들의 어리석음을 제거하는 방법은 여러 가지이지만 묘장엄안 천왕은 적정법寂靜法으로써 치유하는 것을 살폈다. 적정법이란 조용히 관찰하는 것[靜觀]이다. 가까이로는 자신의 호흡을 관찰하고, 눈을 돌리게 되면 눈앞에 벌어지는 모든 현상들을 관찰하는 것이다. 어떤 현상에도 자신의 마음을 개입시키지 않고 있는 그대로를 조용히 관찰하는 것이다. 그러면 곧 미혹은 사라지리라. 이것이 또한 세상을 밝게 비추는 지혜의 등불이 된다.

여래청정묘색신
如來淸淨妙色身이여

보현시방무유비
普現十方無有比라

차신무성무의처
此身無性無依處하시니

선사유천소관찰
善思惟天所觀察이로다

여래의 청정하고 미묘하신 몸이여
시방에 널리 나타나도 비교할 이 없어
이 몸은 체성도 없고 의지하는 곳도 없나니
선사유광명 천왕이 관찰한 바로다.

여래의 몸이 청정하다는 것은 실체가 없이 텅 비었다는 것이다. 텅 비었으므로 여래가 시방세계에 다 나타날 수 있다. 여래의 몸이란 진리의 몸이기 때문에 고정된 주체가 없으며 생각마저 적정한 경계다. 그것을 "체성도 없고 의지하는 곳도 없다."라고 한다. 선사유광명 천왕은 여래의 이러한 면을 잘 관찰하였다.

여래음성무한애 　　　감수화자미불문
如來音聲無限礙하사 　**堪受化者靡不聞**호대
이불적연항부동 　　　차락지천지해탈
而佛寂然恒不動하시니 　**此樂智天之解脫**이로다

여래의 음성은 제한이 없어서
교화를 받을 이가 모두 듣건만
부처님은 고요하여 언제나 움직이지 않으시니
이것은 가애락대지 천왕의 해탈이로다.

　여래의 음성이 제한이 없음을 살펴보았다. 음성이 제한이 없기 때문에 바람 소리 물소리 새소리에서 여래의 음성을 듣는다. 시장에서 물건을 사고파는 소리와 아이들의 웃음소리에서 여래의 음성을 듣는다. 세상의 일체 소리에서 여래의 음성을 듣는다. 그러나 부처님은 고요하여 움직임이 없다. 이것이 가애락대지 천왕의 해탈이다.

적정해탈천인주
寂靜解脫天人主여

시방무처불현전
十方無處不現前하사

광명조요만세간
光明照耀滿世間하시니

차무애법엄당견
此無礙法嚴幢見이로다

조용히 해탈하신 천인의 주인이여
시방에 나타나지 않은 데 없으시네
광명이 비추어서 세간에 가득하니
걸림 없는 이 법을 보음장엄당 천왕이 보았도다.

부처님을 "조용히 해탈하신 천상사람, 신선 같으신 분"이라고 불러 보았다. 그러면서 부처님은 시방세계 어디에든 다 나타나신다. 불법의 광명은 세간에 가득하건만 어리석은 중생은 눈이 어두워 보지 못하고, 귀가 멀어 듣지 못한다. 마치 태양이 저렇게 눈이 부시도록 밝건만 맹인은 아무것도 보지 못하는 것과 같다. 보음장엄당 천왕이 이해한 것이다.

불어무변대겁해
佛於無邊大劫海에

위중생고구보리
爲衆生故求菩提하사

종종신통화일체　　　명칭광천오사법
種種神通化一切하시니　**名稱光天悟斯法**이로다

부처님은 끝없는 세월 동안
중생을 위해서 보리를 구하시고
갖가지 신통으로 모든 이를 교화하시니
명칭광선정진 천왕이 이 법을 깨달았네.

보리菩提란 도와 깨달음과 지혜와 자비를 다 함유하고 있다. 부처님은 오랜 세월 동안 중생들을 위해서 이 보리를 구하셔서 갖가지 신통으로 중생들을 교화하셨다. 당신이 6년의 고행을 끝내고 얻으신 것도 역시 보리다. 중생들에게 깨우침을 주고자 한 것도 역시 보리다. 많은 사람이 지혜와 자비를 갖춰서 다시 또 많은 사람들에게 지혜와 자비를 베푸는 것, 그것이 부처님이 하시는 일이고 불교가 할 일이다.

2. 가애락법광명당 천왕과 그 대중들의 득법과 게송

1) 득법

復次可愛樂法光明幢天王은 得普觀一切衆生根하야 爲說法斷疑解脫門하니라

다시 또 가애락법광명당可愛樂法光明幢 천왕은 일체 중생들의 근기를 널리 관찰해서 법을 설하여 의심을 끊는 해탈문을 얻었습니다.

정거천淨居天의 대자재천 다음으로 사선천四禪天에 있는 광과천 대중들이다. 불법을 설명하면서 상대의 근기와 수준을 관찰하여 그 수준에 알맞은 법을 설명하는 것은 매우 중요한 일이다. 만약 그렇지 못하고 너무 낮은 방편의 이야기를 한다든지, 아니면 자신도 이해하지 못하는 너무 고준한 이야기를 하게 되면 반드시 무시하거나 의심을 하게 된다. 심지어 비방을 하게 된다. 가애락법광명당 천왕은 이와 같은 이치를 터득하여 해탈로 들어가는 문을 얻었다.

정 장 엄 해 천 왕　　득 수 억 념　　영 견 불 해 탈 문
淨莊嚴海天王은 **得隨憶念**하야 **令見佛解脫門**
하니라

정장엄해淨莊嚴海 천왕은 기억하여 생각함을 따라서 부처님을 보게 되는 해탈문을 얻었습니다.

사람의 생각이 그 사람의 행위를 결정한다. 모든 행위는 생각을 따라 나타나기 때문이다. 부처님을 보는 일도 그 사람이 부처님을 어떻게 생각하느냐에 따라 보게 되는 부처님이 달라진다. 부처님은 본래 모양이 없건만 중생들의 생각을 따라 천차만별의 부처님이 있게 된 것이다. 정장엄해 천왕은 이와 같은 이치에서 해탈로 들어가는 문을 얻었다.

　　　　　최 승 혜 광 명 천 왕　　득 법 성 평 등 무 소 의 장 엄
最勝慧光明天王은 **得法性平等無所依莊嚴**
신 해 탈 문
身解脫門하니라

최승혜광명最勝慧光明 천왕은 법의 성품이 평등해서 거

리낌이 없는[無依] 장엄한 몸의 해탈문을 얻었습니다.

법성은 평등해서 두 가지 모양이 없다. 부처님은 진리를 증득하여 능소能所를 떠난 텅 빈 몸이므로 거리낌이 있을 수 없다. 이러한 면을 최승혜광명 천왕이 터득하여 해탈로 들어가는 문을 얻었다.

자재지혜당천왕 득요지일체세간법   일
自在智慧幢天王은 **得了知一切世間法**하야 **一**
념중   안립부사의장엄해해탈문
念中에 **安立不思議莊嚴海解脫門**하니라

자재지혜당自在智慧幢 천왕은 일체 세간 법을 알아서 한 생각에 불가사의한 장엄바다에 편안히 머무는 해탈문을 얻었습니다.

일체 중생들의 세상은 그들의 마음과 법에 따라 세상이 각각 다르다. 부처님은 그 다른 것을 알아서 한순간에 불가사의한 가르침의 장엄바다[敎海]에 편안히 머물러 중생들의 근기와 수준을 따라 교화한다. 자재지혜당 천왕은 이러한 면을 깨달아 해탈에 들어가는 문을 얻었다.

낙적정천왕　득어일모공　현부사의불찰
樂寂靜天王은 **得於一毛孔**에 **現不思議佛刹**

무장애해탈문
無障礙解脫門하니라

낙적정樂寂靜 천왕은 한 모공에서 불가사의한 세계를 나타내도 장애가 없는 해탈문을 얻었습니다.

법성게에 '일미진중함시방一微塵中含十方'이라고 하였다. 화엄경은 모든 존재가 사사무애事事無礙하다는 이치를 밝히는데 낙적정 천왕이 이러한 이치에 눈을 뜨고 해탈에 들어가는 문을 얻었다.

보지안천왕　득입보문　관찰법계해탈문
普智眼天王은 **得入普門**하야 **觀察法界解脫門**
하니라

보지안普智眼 천왕은 넓은 문에 들어가서 법계를 관찰하는 해탈문을 얻었습니다.

하나의 문이 일체의 문을 다 포섭하는 것을 넓은 문[普門]이라 한다. 또한 낱낱의 문은 각각 온 법계를 온전히 다 거두어들인다. 그러므로 넓은 문에서 법계를 다 관찰한다고 하였다.

낙 선 혜 천 왕   득 위 일 체 중 생   종 종 출 현
樂旋慧天王은 得爲一切衆生하야 種種出現호대
무 변 겁   상 현 전 해 탈 문
無邊劫에 常現前解脫門하니라

낙선혜樂旋慧 천왕은 일체 중생을 위해서 가지가지로 출현하되 끝없는 겁 동안 항상 나타나는 해탈문을 얻었습니다.

중생은 끝이 없고 그들의 근기는 각각 다르다. 또한 그 중생들이 시간시간 매일매일 변하고 달라진다. 그러므로 부

처님은 한량없는 겁 동안 출현하시어 그들을 교화할 수밖에 없는 상황이다. 낙선혜 천왕은 부처님의 이와 같은 면을 깨달아 해탈로 들어가는 문을 얻었다.

선종혜광명천왕   득관일체세간경계   입
善種慧光明天王은 **得觀一切世間境界**하야 **入**

부사의법해탈문
不思議法解脫門하니라

선종혜광명善種慧光明 천왕은 일체 세간 경계를 관찰하고 불가사의한 법에 들어가는 해탈문을 얻었습니다.

세상을 잘 관찰하면 하나하나가 실로 불가사의하다. 사람은 말할 나위도 없고 먼지 하나에서부터 풀 한 포기, 나무 한 그루, 모래알 하나, 돌멩이 하나 등 그 무엇도 불가사의하지 않은 것이 없다. 이러한 이치에서 해탈로 들어가는 문을 얻었다. 실로 문문가입門門可入이다.

무구적정광천왕　　 득시일체중생출요법해
無垢寂靜光天王은 **得示一切衆生出要法解**

탈문
脫門하니라

무구적정광無垢寂靜光 천왕은 일체 중생에게 생사에서 벗어나는 요긴한 법을 보여 주는 해탈문을 얻었습니다.

법문은 끝이 없는데 그중에서 생사에서 벗어나는 법이 요긴함이 된다. 중생들의 근기가 천만 가지이므로 생사에서 벗어나는 법도 또한 불가사의하다.

광대청정광천왕　　 득관찰일체응화중생
廣大淸淨光天王은 **得觀察一切應化衆生**하야

영입불법해탈문
令入佛法解脫門하니라

광대청정광廣大淸淨光 천왕은 모든 교화 받을 중생을 관찰해서 부처님 법에 들어가게 하는 해탈문을 얻었습니다.

중생을 교화한다는 것은 무엇인가. 여러 가지의 길이 있겠으나 먼저 불법의 큰 바다에 들어가도록 하는 것이 우선이다. 또 불법의 큰 바다에 들어갔더라도 정법의 길로 들어서야 한다. 정법 중에서도 화엄경과 같은 위대한 가르침의 바다에서 세세생생 노닐 수 있게 된다면 더 이상의 다행은 없을 것이다. 더 이상의 복락은 없을 것이다. 화엄경을 만난 것은 실로 경사스럽고도 기쁜 일이다.

2) 게송

이시 가애락법광명당천왕 승불위력
爾時에 可愛樂法光明幢天王이 承佛威力하사
보관일체소광천무량광천광과천중 이설송
普觀一切少廣天無量廣天廣果天衆하고 而說頌
언
言하사대

그때에 가애락법광명당可愛樂法光明幢 천왕이 부처님의 위신력을 받들어 모든 소광천少廣天과 무량광천無量廣天과 광과천廣果天의 대중들을 널리 살피고 게송偈頌으로 말하였습니다.

　정거천淨居天의 대자재천 다음으로 사선천四禪天의 천왕 대중들이다. 사선천에 있는 세 개의 하늘을 일반적으로 광과천廣果天, 복생천福生天, 무운천無雲天이라고 말한다. 화엄경에서는 소광천少廣天과 무량광천無量廣天이라고 하여 이름이 다소 차이가 있다.

제 불 경 계 부 사 의
諸佛境界不思議여

일 체 중 생 막 능 측
一切衆生莫能測이어늘

보 령 기 심 생 신 해
普令其心生信解케하시니

광 대 의 락 무 궁 진
廣大意樂無窮盡이로다

모든 부처님의 경계는 불가사의하여
일체 중생이 능히 측량할 수 없거늘
널리 그 마음에 믿고 이해함을 내게 하시니
광대한 즐거움이 다함없어라.

　바른 깨달음을 성취한 사람의 경계는 보통 사람으로서

는 측량하기 어렵다. 그래서 "도가 같아야 가히 알 수 있다[同道可知]."라고 하였다. 그러나 그 경지를 매양 깨달은 사람들에게만 미뤄 둘 수는 없다. 불교의 수행 과정을 믿음[信]과 이해[解]와 실천[行]과 성취[證]로 나눠서 보는 이유가 여기에 있다. 설사 확실하게 다 알지는 못하더라도 사람들의 마음에 믿음과 이해가 생기게 한다면 그 마음의 즐거움은 무궁무진할 것이다. 그러므로 "믿음은 도의 근원이며 공덕의 어머니다."[4]라고 하였다. 그래서 우선 믿고 환희하는 마음을 갖는 것이 가장 중요하다.

약 유 중 생 감 수 법
若有衆生堪受法이면

불 위 신 력 개 도 피
佛威神力開導彼하사

영 기 항 도 불 현 전
令其恒覩佛現前케하시니

엄 해 천 왕 여 시 견
嚴海天王如是見이로다

만약 어떤 중생이 법을 받아들일 만하면
부처님은 위신력으로 그를 인도하사

---

4) 信爲道元功德母.

항상 부처님이 앞에 나타나 있음을 보게 하시니
정장엄해 천왕이 이와 같이 보았도다.

부처님을 친견하거나 부처님의 가르침을 듣는 것은 자신의 친견하고 들으려는 신심과 마음가짐에 달려 있다. 부처님은 언제 어디에나 계신다. 다만 친견하려는 마음이 있는가가 문제이다. 설사 부처님의 배 속에 있어도 마음이 없으면 보지 못하지만 아프리카 사막이나 설산 꼭대기에 있을지라도 친견하려는 마음만 있으면 항상 가능하다. 가르침을 들으려는 것도 마찬가지다. 환경을 탓하거나 복이 있고 없음을 핑계 댈 일이 아니다. 정장엄해 천왕은 이와 같이 보았다.

일체법성무소의
一切法性無所依라

불현세간역여시
佛現世間亦如是하사

보어제유무의처
普於諸有無依處하시니

차의승지능관찰
此義勝智能觀察이로다

모든 법의 성품은 의존함이 없으며
부처님이 세간에 나타나심도 이와 같아서

모든 존재에 의존함이 없으시니
이 뜻은 최승혜광명[勝智] 천왕이 능히 관찰하였네.

의존함이 없다[無依]는 말이 자주 등장한다. 의존함이 없다는 말은 거리낌이 없고 장애가 없다는 뜻을 가진다. 모든 법의 성품은 자유자재하다. 사사가 무애하다. 원융하고 무애하여 두 가지가 없다. 부처님은 법의 성품 그대로이므로 어디에 의존하거나 장애가 있거나 거리낌이 있을 수 없는 존재다.

수 제 중 생 심 소 욕
隨諸衆生心所欲하사

불 신 통 력 개 능 현
佛神通力皆能現하사대

각 각 차 별 부 사 의
各各差別不思議니

차 지 당 왕 해 탈 해
此智幢王解脫海로다

모든 중생들의 마음에 하고자 하는 바를 따라
부처님이 신통력을 다 나타내시되
가지각색 차별하여 불가사의하시니
이것은 자재지혜당 천왕의 해탈이로다.

배가 고프면 밥을 먹고, 목이 마르면 물을 마시고, 피곤하면 잠을 잔다. 모든 중생들의 마음에 하고자 하는 대로 사람부처는 그대로 한다. 무엇에 장애가 있으랴. 그대로 신통묘용이다. 참으로 신묘 불가사의하다.

과거소유제국토　　　　　일모공중개시현
過去所有諸國土를　　　**一毛孔中皆示現**이여
차시제불대신통　　　　　애락적정능선설
此是諸佛大神通이시니　**愛樂寂靜能宣說**이로다

과거에 있었던 모든 국토를
한 모공 속에서 다 나타내신 것은
이것은 모든 부처님의 큰 신통이라
애락적정 천왕이 능히 연설하도다.

화엄의 안목은 한순간에 무한한 과거와 무한한 미래를 다 나타내 보이며, 한 모공에서 과거 현재 미래의 모든 세계를 다 나타내 보인다. 이것은 어떤 특정인의 마술이 아니라 모든 존재가 이미 그렇게 존재하고 있음을 꿰뚫어 알기 때문에 그것을 모두 깨달은 사람, 부처님의 큰 신통이라고 표현한 것이다. 그래서 '일미진중함시방一微塵中含十方 일체진중역여시一切塵中亦如是'라고 하지 않던가.

일체법문무진해   동회일법도량중
一切法門無盡海가   **同會一法道場中**이여

여시법성불소설   지안능명차방편
如是法性佛所說이시니   **智眼能明此方便**이로다

일체 법문의 끝없는 바다가
한 법의 도량 안에 모두 모임이라
이와 같은 법의 성품은 부처님께서 설하신 것이니
보지안 천왕이 이 방편을 밝혔도다.

부처님의 설법은 대단히 많다. 그러나 화엄회상에서는 화엄의 이치를 밝히고, 영산회상에서는 법화의 이치를 밝히고, 반야회상에서는 반야의 이치를 밝히기 때문에 안목과 견해에 다소의 차별이 있다. 화엄법회는 한 법의 도량 안에 일체 법문의 끝없는 바다가 다 모여 있어서 다른 경과는 다르

다. 그래서 청량스님은 "대방광불화엄경이란 끝없이 많은 경전들의 전체적인 이름이다."[5]라고 하였다. 즉 대방광불화엄경이라고 하면 불교의 모든 경전을 한꺼번에 일컫는 것이 된다. 그러나 금강경에는 화엄경이 그 속에 들어갈 수 없다.

시방소유제국토
十方所有諸國土에
실재기중이설법
悉在其中而說法하사대

불신무거역무래
佛身無去亦無來하시니
애락혜선지경계
愛樂慧旋之境界로다

시방에 있는 모든 국토에서
다 그 가운데서 설법하시되
부처님의 몸은 감도 없고 또한 옴도 없으시니
애락혜선 천왕의 경계로다.

화엄경의 설법은 다른 경전의 설법과 달라서 설법을 하는 법주도 설법을 듣는 청법자도 가고 옴이 없다. 설법하는 사

---

5) 題稱大方廣佛華嚴經者 卽無盡修多羅之總名.

람이 어디를 가거나 오거나, 또 설법을 듣는 사람이 어디를 가거나 오거나 하면 그것은 이미 화엄경의 설법이 아니다. 산은 산에서 설법을 하고, 물은 물에서 설법을 하고, 불은 불에서 설법을 하는 것이 화엄경 설법이다. 사람은 사람으로 설법을 하고, 동물은 동물로 설법을 하고, 식물은 식물로 설법을 하는 것이 화엄경 설법이다.

불 관 세 법 여 광 영
佛觀世法如光影하시고

입 피 심 심 유 오 처
入彼甚深幽奧處하사

설 제 법 성 상 적 연
說諸法性常寂然하시니

선 종 사 유 능 견 차
善種思惟能見此로다

부처님은 세상 법을 그림자같이 보시고

매우 깊고 그윽한 곳까지 들어가셔서

모든 법의 성품이 항상 고요함을 말씀하시니

선종사유 천왕이 능히 이것을 보았도다.

눈에 보이는 모든 세상사를 보이는 대로 실재한다고 알면 만나는 경계마다 좋거나 나쁘다고 분별하며 애착을 하게 된다. 세상사는 일체가 유위법이다. 마치 꿈과 같고 환영과 같고 물거품과 같고 그림자와 같고 아침 이슬과 같고 번갯불과 같은 것으로 보아야 한다. 부처님은 그렇게 보시므로 항상 적정하다고 설법하신다.

불 선 요 지 제 경 계
佛善了知諸境界하사

수 중 생 근 우 법 우
隨衆生根雨法雨하사

위 계 난 사 출 요 문
爲啓難思出要門하시니

차 적 정 천 능 오 입
此寂靜天能悟入이로다

부처님께서 모든 경계를 잘 아시고
중생들의 근기를 따라 법의 비를 내리시어
생각하기 어려운 벗어나는 요긴한 문을 여시니
이것은 무구적정광 천왕이 깨달아 들어갔도다.

불교의 가르침은 참으로 여러 가지다. 흔히 8만4천 근기를 따라 8만4천의 법문을 설하셨다고 한다. 마치 비가 내리면 작은 풀은 작은 풀대로 받아들이고, 중간 풀은 중간 풀대로 받아들이고, 큰 풀은 큰 풀대로 받아들이는 것과 같다. 그러나 그 목적은 하나다. 중생이 온갖 고뇌에서 벗어나는 생각하기 어려운 요긴한 길이다. 즉 사람이 그대로 위대한 부처님이라는 사실을 깨우쳐서 중생으로부터 벗어나는 길이다.

세존항이대자비 이익중생이출현
世尊恒以大慈悲로 **利益衆生而出現**하사
등우법우충기기 청정광천능연설
等雨法雨充其器하시니 **淸淨光天能演說**이로다

세존께서 항상 큰 자비로써
중생들을 이익하게 하시려고 출현하사
골고루 법의 비를 내려서 그릇을 채우시니
광대청정광 천왕이 능히 연설하도다.

세존께서 이 세상에 출현하신 목적은 일대사 인연을 위해서다. 일대사 인연이란 세존께서 깨달으신 그 내용을 중생들에게도 깨닫게 해 주려는 큰 자비심이다. 깨달음의 내용이란 무엇인가. 사람 사람이 모두가 위대한 부처님이라는 사실과 나아가서 일체 생명 일체 존재가 이 자리에서 지금 현재 이대로 부처님이라는 이 엄청나고 충격적인 사실이다. 이 사실을 알지 못하고 믿지 못하면 아직 불교 공부의 길은 요원하다.

3. 청정혜명칭 천왕과 그 대중들의 득법과 게송

1) 득법

_{부 차 청 정 혜 명 칭 천 왕   득 요 달 일 체 중 생}
復次淸淨慧名稱天王은 **得了達一切衆生**의

_{해 탈 도 방 편 해 탈 문}
解脫道方便解脫門하니라

다시 또 청정혜명칭淸淨慧名稱 천왕은 일체 중생이 해탈하는 길을 깨닫는 방편의 해탈문을 얻었습니다.

여기에서부터는 삼선천三禪天 천왕 대중들이다. "일체 중생이 해탈하는 길"이란 "마음이 있는 자는 모두가 부처를 이

룰 수 있다."라는 원칙에 입각한 말씀이다. 그러므로 경에는 "법사의 말을 들을 수 있는 사람은 다 와서 법문을 들어라."라고 하였다. 청정혜명칭 천왕은 이러한 이치로써 해탈에 들어가는 문을 얻었다.

최승견천왕 득수일체제천중 소락 여
最勝見天王은 **得隨一切諸天衆**의 **所樂**하야 **如**
광영보시현해탈문
光影普示現解脫門하니라

최승견最勝見 천왕은 일체 모든 하늘 대중들이 즐기는 바를 따라서 그림자처럼 널리 나타나는 해탈문을 얻었습니다.

부처님은 그 몸이 적정하면서 모든 시방에 중생들의 필요에 따라 그림자처럼 다 나타나서 그들을 교화한다.

적정덕천왕 득보엄정일체불경계대방편
寂靜德天王은 **得普嚴淨一切佛境界大方便**

해 탈 문
解脫門하니라

적정덕寂靜德 천왕은 모든 부처님의 경계를 널리 청정하게 장엄하는 큰 방편의 해탈문을 얻었습니다.

부처님의 경계를 청정하게 장엄하는 길은 무엇일까? 훌륭한 인품의 소유자가 이 세상에 많이 살면서 사회에 그 영향을 크게 끼치는 일이다. 즉 보살이 세상을 장엄하는 일인데 불교에서는 가장 이상적인 인품의 소유자를 보살이라 부르기 때문이다. 이 또한 중생 제도의 훌륭한 방편이다.

수 미 음 천 왕　　　득 수 제 중 생　　　영 유 전 생 사 해
須彌音天王은 **得隨諸衆生**하야 **永流轉生死海**
해 탈 문
解脫門하니라

수미음須彌音 천왕은 모든 중생들을 따라서 생사의 바다를 영원히 흘러 다니는 해탈문을 얻었습니다.

보살은 중생들을 뿌리로 삼아 존재하는 성자다. 중생이 생사의 바다를 흘러 다니면 보살도 또한 중생을 따라 생사의 바다를 함께 흘러 다닌다. 중생이 끝이 없으므로 보살도 영원히 끝없이 중생을 따라다닌다. 수미음 천왕은 이와 같은 이치로써 해탈에 들어가는 문을 얻었다.

정념안천왕 득억념여래 조복중생행해
淨念眼天王은 **得憶念如來**의 **調伏衆生行解**
탈 문
脫門하니라

정념안淨念眼 천왕은 여래가 중생을 조복하는 행을 기억하는 해탈문을 얻었습니다.

보살이 중생들을 교화하는 데 혹 조복할 사람에게는 조복하고 혹 섭수할 사람에게는 섭수한다. 중생을 건지겠다는 자비와 지혜의 문이 아무리 많더라도 최상의 깨달음에 나아가게 하는 목적은 하나다. 정념안 천왕은 이것으로써 해탈에 들어가는 문을 얻었다.

가애락보조천왕   득보문다라니해   소유
可愛樂普照天王은 **得普門陀羅尼海**의 **所流**
출해탈문
出解脫門하니라

가애락보조可愛樂普照 천왕은 넓은 문[普門]의 다라니 바다에서 흘러나오는 해탈문을 얻었습니다.

부처님은 법성에 부합하는 총지總持로서 일체의 총지를 다 포섭하기 때문에 "넓은 문[普門]의 다라니"라고 한다. "넓은 문의 다라니"에는 모든 법문이 다 들어 있어서 일체 법문이 그곳으로부터 흘러나온다.

세간자재주천왕   득능영중생   치불생신
世間自在主天王은 **得能令衆生**으로 **値佛生信**
장해탈문
藏解脫門하니라

세간자재주世間自在主 천왕은 능히 중생들에게 부처님을 만나서 믿음을 내게 하는 해탈문을 얻었습니다.

부처님을 만남으로 믿음이 생기고 환희심이 생긴다. 그러므로 가능하면 사람들에게 부처님을 만날 수 있는 기회를 자주 만들어 주어야 한다. 어떤 사람에게 처음 부처님을 만날 수 있는 기회를 만들어 주려면 스스로 많은 공을 들여야 한다. 공을 들이지 않고 되는 일은 없다. 공든 탑은 무너지지 않는다.

광염자재천왕 득능영일체중생 문법신
光焰自在天王은 **得能令一切衆生**으로 **聞法信**
희   이출리해탈문
喜하야 **而出離解脫門**하나니라

광염자재光焰自在 천왕은 능히 일체 중생들로 하여금 법문을 듣고는 믿고 기뻐하여 벗어나게 하는 해탈문을 얻었습니다.

부처님을 만나고 나서 다음으로 할 일은 부처님의 가르침을 만나는 일이다. 법문을 많이 듣고, 경전을 많이 읽고, 기타 불교에 관한 서적들을 많이 읽도록 좋은 책을 소개하고 법공양을 올려야 한다. 그렇게 하다 보면 어느 시절 어떤 말씀에 감동을 받아 깨달음을 얻을 수 있기 때문이다.

낙사유법변화천왕　　등입일체보살　조복
樂思惟法變化天王은 **得入一切菩薩**의 **調伏**

행　여허공　　무변무진해탈문
行이 **如虛空**하야 **無邊無盡解脫門**하니라

낙사유법변화樂思惟法變化 천왕은 일체 보살들의 조복하는 행이 허공과 같아서 끝도 없고 다함도 없는 데 들어가는 해탈문을 얻었습니다.

보살이 중생을 교화하는 데 조복할 사람에게는 조복하고 섭수할 사람에게는 섭수한다. 그 행은 한두 가지가 아니다. 끝이 없고 다함이 없어 저 허공처럼 무한대이다. 8만4천 방편문에 문문가입이기 때문이다.

변화당천왕　　등관중생무량번뇌보비지해
變化幢天王은 **得觀衆生無量煩惱普悲智解**

탈 문
脫門하니라

변화당變化幢 천왕은 중생들의 한량없는 번뇌를 관찰하는 넓은 자비와 지혜의 해탈문을 얻었습니다.

사홍서원에 '번뇌무진서원단煩惱無盡誓願斷'이라고 했다. 실로 중생들의 번뇌는 한량이 없다. 그 많은 번뇌를 잘 관찰하여 끊으려면 보살의 넓고 넓은 자비와 지혜도 역시 한량이 없어야 한다. 변화당 천왕은 부처님의 이러한 면을 보고 해탈에 들어가는 문을 얻었다.

성수음묘장엄천왕   득방광현불   삼륜섭
星宿音妙莊嚴天王은 **得放光現佛**하야 **三輪攝**
화해탈문
化解脫門하니라

성수음묘장엄星宿音妙莊嚴 천왕은 광명을 놓아서 부처님을 나타내어 삼륜三輪으로 섭수하여 교화하는 해탈문을 얻었습니다.

삼륜三輪이란 신·구·의 삼업三業을 또한 삼륜이라 한다. 불교를 믿고 불교를 신행하려면 신·구·의 삼업을 모두 동원해서 집중하여 행해야 한다. 기도를 하거나 참선을 하거나 경전을 읽는 일도 역시 마찬가지다. 부처님을 친견하는 일에 삼륜이 동원되지 않고 마음으로만 하거나, 말로만 하거나, 몸으로만 한다면 아무런 이익이 없다.

2) 게송

爾時에 淸淨慧名稱天王이 承佛威力하사 普觀一切少淨天無量淨天徧淨天衆하고 而說頌言하니라.

그때에 청정혜명칭淸淨慧名稱 천왕이 부처님의 위신력을 받들어 모든 소정천少淨天과 무량정천無量淨天과 변정천徧淨天의 대중들을 널리 살피고 게송으로 말하였습니다.

소정천小淨天은 색계 삼선천의 첫째 하늘이다. 삼선천 가운데 의식의 맑고 깨끗함이 가장 적은 하늘이다. 무량정천

無量淨天은 색계 삼선천의 둘째 하늘이다. 이 하늘에 사는 중생의 마음에는 늘 즐거움이 있으며, 그 아래 소정천보다 묘妙함이 뛰어나 헤아릴 수 없다 하여 이렇게 이른다. 변정천徧淨天은 색계 삼선천의 셋째 하늘이다. 맑고 깨끗함이 두루 가득하다고 한다. 모두 색계 삼선천의 같은 대중이기 때문에 그들을 널리 두루 살핀 것이다.

    요 지 법 성 무 애 자   보 현 시 방 무 량 찰
    了知法性無礙者여   **普現十方無量刹**하사
    설 불 경 계 부 사 의   영 중 동 귀 해 탈 해
    說佛境界不思議하사   **令衆同歸解脫海**로다

법의 성품이 걸림이 없음을 아시는 이가
시방의 한량없는 세계에 널리 나타나서
부처님의 경계가 부사의함을 설해서
중생들로 하여금 해탈의 바다에 함께 돌아가게 하였네.

법성法性이란 유형 무형 모든 존재의 본성을 이르는 말이다. 참으로 깊고 오묘하기 때문에 법성에 대한 설명이 많다.

먼저 "법성은 원융해서 두 가지 모양이 없다."라고 하였으며 여기서는 "법성은 걸림이 없다."라고 하였다. 사람도 또한 법성에 포함된다. 이러한 이치를 잘 아는 사람은 부처님이다. 시방세계 어디든지 다 나타나서 이러한 부처님의 경계를 설법하신다. 그래서 모든 중생들이 다 함께 해탈의 바다로 돌아가게 하신다.

여래처세무소의
如來處世無所依여

비여광영현중국
譬如光影現衆國이라

법성구경무생기
法性究竟無生起시니

차승견왕소입문
此勝見王所入門이로다

여래께서 세상에 처하되 의지함이 없음이여
비유하면 그림자가 여러 나라에 나타나는 것과 같네.
법의 성품은 끝내 일어남이 없으니
이것은 최승견 천왕이 들어간 문이로다.

여래가 세상에 처하는 데 무슨 거리낌이 있으며 무슨 장애가 있겠는가. 비유하면 마치 그림자가 있는 듯 없으며 없는 듯 있는 모습과 같이 자유롭다. 법의 성품이 끝내 불생불멸이듯 여래도 또한 이와 같다.

무량겁해수방편
無量劫海修方便하사

보정시방제국토
普淨十方諸國土하사대

법계여여상부동
法界如如常不動하시니

적정덕천지소오
寂靜德天之所悟로다

한량없는 겁의 바다에서 방편을 닦으시어
시방의 모든 국토를 청정하게 하되
법계는 여여해서 항상 움직이지 않으니
적정덕 천왕의 깨달은 바로다.

부처님께서 오랜 세월 동안 수행하신 것은 오로지 세상을 청정하게 하기 위함이다. 세상을 청정하게 한다는 뜻은 세상 사람들이 모두 정직하게 살고, 선량하게 살고, 의롭게 살고, 착하게 살고, 남을 위하고 배려하면서 사는 세상을 만드는 일이다. 부처님이 그러한 것처럼 모든 불자가 그렇게 살아야 하리라.

중생우치소부장 　　　　　맹암항거생사중
衆生愚癡所覆障으로 　　**盲闇恒居生死中**이어늘

여래시이청정도 　　　　　차수미음지해탈
如來示以淸淨道하시니 　**此須彌音之解脫**이로다

중생들은 어리석음에 뒤덮여서
맹인처럼 캄캄하게 늘 생사 속에서 살거늘
여래께서 청정한 도道로써 보이시니
이것은 수미음 천왕의 해탈이로다.

부처님이 이 세상에 오신 뜻을 상징적으로 표현하는 것이 등불을 밝히는 것이다. 부처님 오신 날인 4월 8일에 등불을 밝히는 행사가 그렇고, 법당마다 인등이라는 것을 밝히거나 촛불을 밝히는 것도 역시 같은 의미이다. 등불이란 어둠을 밝히는 것인데 그것은 중생들의 무명과 번뇌와 온갖 어리석음이라는 어둠을 제거하여 심성을 환하게 밝히는 지혜를 뜻한다. 중생의 어둠은 마치 맹인과 같다. 태양이 저렇게 밝아도 앞을 보지 못하는 것과 같이 세상과 인생의 참다운 이치는 이렇게 밝건만 사람들이 어리석어서 그것을 알지 못한다. 여래께서 청정한 도로써 보인 까닭이 그것이다.

제불소행무상도 　　　　　일체중생막능측
諸佛所行無上道어　　　**一切衆生莫能測**이라

시이종종방편문 　　　　　정안체관능실료
示以種種方便門하시니　**淨眼諦觀能悉了**로다

모든 부처님이 행하신 가장 높은 도를
일체 중생들은 측량할 수 없어서
갖가지 방편문으로써 보이시니
정념안 천왕이 자세히 관찰하고 능히 다 깨달았네.

부처님이 행하신 도란 곧 깨달음의 경지를 뜻한다. 바른 깨달음의 경지가 얼마나 깊은지, 또는 얼마나 높은지 보통 중생들은 전혀 측량할 길이 없다. 깨달음의 경지는 사람이 이르러 갈 수 있는 일 중에서 가장 위대하고 고귀하며 값진 것이다. 그래서 이 무궁한 보물을 사람들에게 보여 주려고 부처님은 갖가지 방편을 다 동원하신다.

여래항이총지문　　　　　비여찰해미진수
如來恒以總持門은　　　**譬如刹海微塵數**라

시 교 중 생 변 일 체　　　보 조 천 왕 차 능 입
示敎衆生徧一切하시니　**普照天王此能入**이로다

여래가 항상 쓰시는 총지문總持門은
비유하면 세계바다 미진수와 같네.
중생에게 보이고 가르치려 모든 곳에 두루 하시니
가애락보조 천왕이 여기에 능히 들어갔네.

총지總持란 다라니다. 모든 법문을 다 기억하여 지니고 있다는 뜻이다. 그 양이 얼마나 될까? 우주 공간에 펼쳐져 있는 많고 많은 세계를 작은 먼지로 만들었을 때 그 먼지 숫자와 같이 많다. 설사 팔만대장경이라는 가르침이 있다 하더라도 그것은 손 안에 있는 몇 개의 나뭇잎과 같고, 아직 설하지 않은 것은 드넓은 숲의 모든 나뭇잎과 같다고 하였다. 그것으로써 중생들에게 보여 주고 가르쳐 주고 이익하게 해 주고 기쁘게[示敎利喜] 해 준다.

여 래 출 세 심 난 치　　　무 량 겁 해 시 일 우
如來出世甚難値어　**無量劫海時一遇**라

능 령 중 생 생 신 해 　　　차 자 재 천 지 소 득
能令衆生生信解케하시니 **此自在天之所得**이로다

여래가 세상에 출현하는 것은 만나기가 매우 어려워서
한량없는 겁의 바다에서 한 번 만남이라
능히 중생들로 하여금 신해信解를 내게 하시니
이것은 세간자재주 천왕이 얻은 바로다.

인생난득人生難得이요 불법난봉佛法難逢이라고 하였다. 그것도 백천만겁난조우百千萬劫難遭遇라고 하였다. 백천 겁을 지나도 참으로 만나기 어려운 것이 부처님이며, 부처님의 가르침이다. 중생들은 불법을 만나서 믿음과 이해를 통해 기쁨과 환희를 내게 된다. 사람으로 태어나서 부처님 법을 만난 이 기쁨과 이 행복만 한 것은 없으리라. 얼마나 큰 행운이며 얼마나 큰 축복인가. 감격하고 감격하고 또 감격해도 만족스럽지 않다.

불 설 법 성 개 무 성 　　　심 심 광 대 부 사 의
佛說法性皆無性하야 **甚深廣大不思議**하사

보사중생생정신　　　광염천왕능선료
普使衆生生淨信케하시니 **光焰天王能善了**로다

부처님이 법의 성품은 다 체성이 없다고 설하심이
매우 깊고 광대하고 부사의함이라
널리 중생들에게 깨끗한 믿음을 내게 하시니
광염자재 천왕이 능히 잘 알았네.

화엄경은 모든 존재의 근본 체성인 법성法性을 밝힌 가르침이다. 그래서 의상스님도 법성게를 통하여 맨 먼저 법성을 밝혔다. 법성은 이름이 법성이지 특별히 존재하는 체성이 없다. 그러나 모든 것의 모든 것이 또한 법성이다. 그래서 매우 깊고 광대하며 불가사의하다. 그 설법도 또한 매우 깊고 광대하며 불가사의하다. 그러므로 중생들은 이 화엄경에 깊이 정진하고 또 정진하여 청정한 믿음과 이해를 통해서 실천과 깨달음으로 나아가야 한다.

삼세여래공덕만　　　화중생계부사의
三世如來功德滿이여 **化衆生界不思議**라

어 피 사 유 생 경 열　　　여 시 낙 법 능 개 연
於彼思惟生慶悅케하시니 **如是樂法能開演**이로다

삼세 여래의 공덕이 원만함이여

불가사의한 중생 세계를 교화하도다.

그것을 사유하고 기쁨을 내게 하시니

이것은 낙사유법변화 천왕이 능히 연설하였네.

과거의 여래나 현재의 여래나 미래의 여래나 정각을 성취하신 여래는 그 공덕이 원만하다. 그 원만한 공덕으로 불가사의한 중생 세계를 모두 다 교화한다. 이와 같은 정각과 공덕과 중생 교화를 사유하면 그 경사스럽고 넘치는 희열을 어찌 감당하랴.

중 생 몰 재 번 뇌 해　　　우 치 견 탁 심 가 포
衆生沒在煩惱海하야　**愚癡見濁甚可怖**어늘

대 사 애 민 영 영 리　　　차 화 당 왕 소 관 경
大師哀愍令永離케하시니 **此化幢王所觀境**이로다

중생들은 번뇌의 바다에 빠져서

어리석고 혼탁한 소견이 매우 두렵거늘
큰 스승께서 불쌍히 여겨 길이 떠나게 하시니
이것은 변화당 천왕이 관찰한 경계로다.

중생들이 번뇌의 바다에 빠졌다는 것은 어리석은 소견으로 마음이 혼탁하다는 뜻이다. 사람이 세상을 살아가는 데 견해가 잘못되고 사상이 잘못 들어간 것처럼 두려운 것은 없다. 역사적으로 이념이 문제가 되어 얼마나 많은 전쟁이 일어났던가. 전쟁으로 무고한 사람들까지 수많은 생명이 희생되었다. 그 모두가 사상과 소견이 잘못 들어갔기 때문이다. 참으로 두렵고도 두려운 일이다. 돌이켜 보고 다시 또 돌이켜 봐야 할 문제다.

여래항방대광명
如來恒放大光明하사
일일광중무량불
一一光中無量佛이
각각현화중생사
各各現化衆生事하시니
차묘음천소입문
此妙音天所入門이로다

여래께서 항상 큰 광명을 놓아
낱낱 광명 속에 있는 한량없는 부처님이
제각기 중생들을 교화하는 일을 나타내시니
이것은 성수묘음 천왕이 들어간 문이로다.

　여래의 광명이란 곧 진리의 가르침이다. 햇빛이나 전기 불빛과 같은 것을 이야기하고자 하는 것이 아니다. 한마디 한마디의 가르침이 곧 어둠 속을 헤매는 중생들에게 지혜의 빛을 밝혀 주는 가르침이며, 그 가르침 속에 곧 부처님이 계신다. 가르침인 부처님이 중생을 교화하는 일을 나타내신다. 화엄경의 한 구절 한 구절이 곧 중생들에게 신해를 내게 하며 환희를 일으킨다.

4. 가애락광명 천왕과 그 대중들의 득법과 게송

1) 득법

復次可愛樂光明天王은 得恒受寂靜樂호대 而
_{부차가애락광명천왕   득항수적정락   이}
能降現하야 銷滅世間苦解脫門하니라
_{능강현   소멸세간고해탈문}

다시 또 가애락광명可愛樂光明 천왕은 항상 고요한 낙을 받으면서 능히 세상에 나타나서 세간의 고통을 소멸하는 해탈문을 얻었습니다.

이선천의 천왕 대중들이다. 무소식이 희소식이라는 말도 있다. 이 세상에서 가장 훌륭한 즐거움은 그 즐거움마저 사라진 적정한 즐거움이다. 이 적정한 즐거움으로써 세간의 고통을 소멸하는 해탈이 가장 뛰어난 해탈이다. 그렇지 않으면 모두가 고진감래苦盡甘來요, 감진고래甘盡苦來다. 상대적인 것이어서 영원한 것이 못된다. 적정한 즐거움만이 불교적인 즐거움이다.

청정묘광천왕　　득대비심상응해　　일체중
淸淨妙光天王은 **得大悲心相應海**에 **一切衆**

생희락장해탈문
生喜樂藏解脫門하니라

　청정묘광淸淨妙光 천왕은 대비심大悲心이 상응하는 바다에서 일체 중생이 즐거워하는 해탈문을 얻었습니다.

　자비심이나 연민심은 대개 자기와 인연이 있는 생명에게만 표현한다. 그러나 나와 아무런 인연이 없는 생명에게까지 연민심[無緣大悲]을 내어야 법성의 바다에 상응하게 된다. 그것으로 세상의 우환을 다 제거하고 희락을 내는 것이다. 장藏이란 희락이 다함이 없음을 뜻한다.

자재음천왕　　득일념중　　보현무변겁일체
自在音天王은 **得一念中**에 **普現無邊劫一切**

중생　복덕력해탈문
衆生의 **福德力解脫門**하니라

　자재음自在音 천왕은 한 생각 속에서 끝없는 겁의 모

든 중생들의 복덕의 힘을 널리 나타내는 해탈문을 얻었습니다.

무한한 세월 동안 오고 간 일체 중생들이 얼마나 많겠는가. 그리고 그들의 복덕은 또 무엇인가. 낱낱 중생들이 매일 매 순간 천지만물과 춘하추동 사시절의 변화를 보고 듣고 느끼고 아는 사실들이다. 그 사실들보다 더 위대한 일은 없기 때문에 무량대복의 힘이라고 하는 것이다.

최승염지천왕　득보사성주괴일체세간
最勝念智天王은 **得普使成住壞一切世間**으로

개실여허공청정해탈문
皆悉如虛空淸淨解脫門하니라

최승염지最勝念智 천왕은 성립하고 머물고 무너지는 일체 세간으로 하여금 모두 다 허공과 같이 텅 비어 청정한 해탈문을 얻었습니다.

계절에는 춘하추동이 있고, 만물에는 생주이멸이 있고,

사람에게는 생로병사가 있고, 지구에는 성주괴공이 있다. 모두가 끝내는 허공처럼 텅 빈 공으로 돌아간다. 이 또한 우주 법계와 법계에 존재하는 모든 것들의 변할 수 없는 법칙이다.

가애락정묘음천왕은 득애락신수일체성인
可愛樂淨妙音天王은 **得愛樂信受一切聖人**
법해탈문
法解脫門하니라

가애락정묘음可愛樂淨妙音 천왕은 모든 성인들의 가르침을 사랑하고 즐기고 믿고 받아들이는 해탈문을 얻었습니다.

사람으로 태어나서 부처님과 같은 성인의 가르침을 만난 것보다 더 큰 행운은 없을 것이다. 이 큰 행운을 사랑하고 즐기고 믿고 받아들인다면 그 인생은 행복한 인생이며 성공한 인생이리라. 그래서 백천만 겁에도 만나기 어려운 것이라고 하였다.

선사유음천왕   득능경겁주   연설일체지
善思惟音天王은 **得能經劫住**하야 **演說一切地**

의   급방편해탈문
義와 **及方便解脫門**하니라

선사유음善思惟音 천왕은 능히 겁이 지나도록 머물면서 모든 지위의 뜻과 방편을 연설하는 해탈문을 얻었습니다.

존재에 대한 실상을 깨닫고 그 깨달음에 대한 내용을 설법하는 것은 끝이 없다. 겁을 지나면서 설법을 하더라도 다 할 수 없는 것이 진리의 내용이다. 특히 화엄경에서는 십신+信[6] 법문과 십주+住[7] 법문과 십행+行[8] 법문과 십회향+廻向[9] 법문과 십지+地[10] 법문과 등각等覺 법문, 묘각妙覺 법문 등등 각각의 지위를 따라 지혜를 설명한 법문이 한량이 없다.

연장엄음천왕   득일체보살   종도솔천궁
演莊嚴音天王은 **得一切菩薩**이 **從兜率天宮**

몰   하 생 시   대 공 양 방 편 해 탈 문
沒하야 下生時에 大供養方便解脫門하나니라

연장엄음演莊嚴音 천왕은 모든 보살들이 도솔천궁에서

---

6) 보살의 수행 계위階位 중 최초 단계. 보살이 처음으로 불법을 믿는 마음을 내는 단계를 열 가지로 나눈 것. 신심信心, 염심念心, 정진심精進心, 정심定心, 혜심慧心, 계심戒心, 회향심廻向心, 호법심護法心, 사심捨心, 원심願心 등. 십신위+信位, 십신심+信心, 십심+心이라고도 한다.

7) 십발취+發趣 또는 십지+地라고도 한다. 보살의 수행 계위階位인 52위位 중에서 제11위부터 제20위까지를 말한다. ① 발심주發心住 ② 치지주治地住 ③ 수행주修行住 ④ 생귀주生貴住 ⑤ 구족방편주具足方便住 ⑥ 정심주正心住 ⑦ 불퇴주不退住 ⑧ 동진주童眞住 ⑨ 법왕자주法王子住 ⑩ 관정주灌頂住.

8) 보살이 이타행을 실천하는 단계의 열 가지 과정. 보살의 52위位 중에서 제21위부터 제30위까지. ① 환희행歡喜行 ② 요익행饒益行 ③ 무위역행無違逆行 ④ 무굴요행無屈撓行 ⑤ 무치란행無癡亂行 ⑥ 선현행善現行 ⑦ 무착행無著行 ⑧ 난득행難得行 ⑨ 선법행善法行 ⑩ 진실행眞實行.

9) 보살이 수행해야 할 열 가지 회향. 보살 수행 52위 가운데 31위부터 40위까지이다. 곧 ① 구호일체중생이중생상회향救護一切衆生離衆生相廻向 ② 불괴회향不壞廻向 ③ 등일체제불회향等一切佛廻向 ④ 지일체처회향至一切處廻向 ⑤ 무진공덕장회향無盡功德藏廻向 ⑥ 입일체평등선근회향入一切平等善根廻向 ⑦ 등수순일체중생회향等隨順一切衆生廻向 ⑧ 진여상회향眞如相廻向 ⑨ 무박무착해탈회향無縛無着解脫廻向 ⑩ 입법계무량회향入法界無量廻向을 이른다.

10) 보살이 수행하는 과정에서 거치는 52위 가운데 제41위부터 제50위까지의 계위階位. 부처의 지혜를 만들어 내고 온갖 중생을 짊어지고 가르치고 이끌어서 이롭게 하는 지위에 이르는 것으로, ① 환희지歡喜地 ② 이구지離垢地 ③ 발광지發光地 ④ 염혜지焰慧地 ⑤ 난승지難勝地 ⑥ 현전지現前地 ⑦ 원행지遠行地 ⑧ 부동지不動地 ⑨ 선혜지善慧地 ⑩ 법운지法雲地이다.

내려와서 태어날 때에 크게 공양하는 방편의 해탈문을 얻었습니다.

경전에는 수많은 부처님이 등장한다. 그런데 아무리 많은 부처님의 일생과 교화를 이야기하더라도 그 표준이 되고 기준이 되는 것은 언제나 석가모니 부처님의 일생이다. 그래서 석가모니 부처님을 근본이 되는 스승[本師]이라고 한다.

석가모니 부처님은 과거에 도솔천에서 보살로 수행하시면서 계시다가 인도의 카필라 성 석가족의 태자로 탄생하셨다. 출가하시고, 고행하시고, 성도하시고, 설법하시고, 열반에 드신 일들이 하나의 기준이 되어 모든 부처님도 역시 그 과정을 밟았다고 기록하고 있다. 경전에서 "모든 보살들이"라고 한 것이 그 뜻이다.

甚深光音天王은 得觀察無盡神通智慧海解脫門하니라
(심심광음천왕은 득관찰무진신통지혜해해탈문하니라)

심심광음甚深光音 천왕은 끝없는 신통과 지혜의 바다를 관찰하는 해탈문을 얻었습니다.

깨달음에 의한 지혜와 신통은 끝이 없다. 오직 깨달음을 성취한 사람만이 알 수 있는 경지다. 불교를 공부하는 사람들은 그 끝이 없는 지혜와 신통을 향해서 수행하는 것이다.

광 대 명 칭 천 왕　　득 일 체 불 공 덕 해 만 족　　출
廣大名稱天王은 **得一切佛功德海滿足**하야 **出**
현 세 간 방 편 력 해 탈 문
現世間方便力解脫門하니라

광대명칭廣大名稱 천왕은 모든 부처님의 공덕바다가 만족해서 세간에 출현하는 방편력의 해탈문을 얻었습니다.

부처님의 법을 전하는 일에 늘 자신의 공부가 부족함을 느끼는 것은 지식의 힘과 지혜의 힘과 선정의 힘과 변재의 힘과 복덕의 힘 등이 모자라기 때문이다. 언제나 갈고 닦는 일이지만 쉽게 채워지지 않는다. 그 모든 것들을 만족하고서

당당하게 세상 천지를 횡행하면서 마음껏 불법을 전파할 수 있다면 얼마나 좋을까 하는 생각을 한다.

최 승 정 광 천 왕 　 득 여 래 왕 석 서 원 력 　 발 생
最勝淨光天王은 **得如來往昔誓願力**으로 **發生**

심 신 애 락 장 해 탈 문
深信愛樂藏解脫門하니라

최승정광最勝淨光 천왕은 여래가 지난 옛적의 서원의 힘으로 깊은 믿음과 애착과 즐거움을 발생하는 해탈문을 얻었습니다.

여래가 그렇듯이 저와 더불어 모든 불자들도 불법을 전파하는 데 필요한 서원을 세워 갈고 닦으며, 불법에 대한 깊은 믿음과 애착과 즐거움을 내는 길밖에 다른 길은 없으리라. 깊이 믿고 환희하는 마음과 애착하는 마음과 즐거워하는 마음으로 영원히 살리라는 서원을 세워야 한다.

2) 게송

이시   가애락광명천왕   승불위력   보관
爾時에 **可愛樂光明天王**이 **承佛威力**하사 **普觀**

일체소광천무량광천극광천중   이설송언
一切少光天無量光天極光天衆하고 **而說頌言**하사대

그때에 가애락광명可愛樂光明 천왕이 부처님의 위신력을 받들어 일체 소광천少光天과 무량광천無量光天과 극광천極光天의 대중들을 널리 살피고 게송을 설하셨습니다.

모두가 이선천二禪天에 있는 하늘로서 소광천少光天은 색계 이선천의 첫째 하늘이다. 적은 광명을 내는 하늘이다. 무량광천無量光天은 색계 이선천의 둘째 하늘이다. 몸으로 내는 빛이 끝없는 곳이다. 극광천極光天은 색계 이선천의 셋째 하늘이다. 인간이 사는 하늘 가운데에서 가장 좋은 곳이다. 모두가 색계 이선천의 대중이기 때문에 같은 권속으로 여겨서 그들을 널리 살핀 것이다.

아 념 여 래 석 소 행
我念如來昔所行이

승 사 공 양 무 변 불
承事供養無邊佛이시니

여 본 신 심 청 정 업
如本信心淸淨業을

이 불 위 신 금 실 견
以佛威神今悉見이로다

내가 생각하건대 여래가 옛적에 행하신 것은
한량없는 부처님을 받들어 섬기고 공양하신 일이니
본래대로의 신심과 청정한 업을
부처님의 위신력으로 지금 다 보도다.

부처님께서 부처님이 되신 까닭은 과거 오랜 세월부터 모든 사람 모든 생명을 부처님으로 받들어 섬기고 공양 공경 찬탄하신 수행 덕분이다. 그것은 곧 모든 사람을 섬기고 위하는 일이며, 모든 생명을 섬기고 위하는 일이다. 세상은 이러한 일로 인하여 맑고 향기로워진다. 아름답고 평화로워진다. 이것은 곧 신심과 청정한 업이다.

불 신 무 상 이 중 구
佛身無相離衆垢라

항 주 자 비 애 민 지
恒住慈悲哀愍地하사

세 간 우 환 실 사 제　　　차 시 묘 광 지 해 탈
世間憂患悉使除케하시니 **此是妙光之解脫**이로다

부처님의 몸은 형상이 없어서 온갖 더러움을 떠났으나
항상 자비와 애민의 땅에 머무시며
세간의 근심들을 모두 제거하게 하시니
이것은 청정묘광 천왕의 해탈이로다.

부처님의 몸은 형상이 없으나 청정한 몸이며, 자비의 몸이며, 애민의 몸이며, 지혜의 몸이다. 그 모든 것으로써 세간의 근심 걱정을 다 제거하게 하신다. 오늘 이 순간에도 지혜의 가르침으로 수많은 사람들이 인생에 밝은 눈을 뜨고 자비를 베풀면서 살아간다.

불 법 광 대 무 애 제　　　일 체 찰 해 어 중 현
佛法廣大無涯際하야　**一切刹海於中現**하사대

여 기 성 괴 각 부 동　　　자 재 음 천 해 탈 력
如其成壞各不同하시니　**自在音天解脫力**이로다

부처님의 법은 광대하여 그 끝이 없어서

일체 세계가 그 속에 다 나타나되
이루어지고 무너짐이 각각 같지 않나니
자재음 천왕의 해탈한 힘이로다.

부처님의 법이란 무엇인가? 팔만 장경의 가르침인가? 팔만 장경에만 갇혀 있는 것이 아니다. 모든 세계, 모든 존재가 생주이멸生住異滅하고 성주괴공成住壞空하는 이 사실들 모두가 다 광대무변한 부처님의 법이다.

불 신 통 력 무 여 등
佛神通力無與等하야
보 현 시 방 광 대 찰
普現十方廣大刹하사

실 령 엄 정 상 현 전
悉令嚴淨常現前케하시니
승 염 해 탈 지 방 편
勝念解脫之方便이로다

부처님의 신통력은 같을 이가 없어
시방의 광대한 세계를 널리 다 나타내되
모두 다 엄정하게 항상 앞에 나타나게 하시니
최승염지 천왕의 해탈한 방편이로다.

부처님의 신통력이란 무엇인가? 상식을 벗어난 특별한 행위인가? 마술사들이 벌이는 사기극인가? 방거사는 신통묘용을 "신통과 묘용이여, 물을 길어 오고 땔나무를 해 오는 것이라네."[11]라고 하였다. 화엄경에서는 "시방의 광대한 세계에 널리 나타나 있는 그대로의 현상들이며, 그대로가 아름답게 장엄되어 있는 모습들이다."라고 하였다. 다시 말하면 꽃이 피고 새가 울고, 바람이 불고 비가 내리는 이 모든 것이 곧 부처님의 신통묘용이라고 하였다.

여 제 찰 해 미 진 수
如諸刹海微塵數한

소 유 여 래 함 경 봉
所有如來咸敬奉하야

문 법 이 염 부 당 연
聞法離染不唐捐하니

차 묘 음 천 법 문 용
此妙音天法門用이로다

모든 세계의 미진수와 같이 많은
여래를 다 공경하고 받들어 섬겨서
법문을 듣고 번뇌를 여의어 헛되이 하지 않으니

---

11) 神通並妙用 運水及搬柴.

이것은 가애락정묘음 천왕이 법문으로 활용함이네.

여래란 역사적인 부처님 석가여래를 두고 이르는 말인가. 그와 같은 여래는 세상에 한 분뿐이다. 세계바다의 미진수와 같이 많은 여래란 모든 사람, 모든 생명, 일체 유정 무정들을 다 이르는 말이다. 그 모든 여래들을 공경하고 받들어 섬기며, 공양하고 찬탄하며, 법문을 듣고 번뇌를 여의는 안목과 견해를 갖추어야 비로소 대승학인이며 화엄행자라고 할 수 있을 것이다.

불 어 무 량 대 겁 해
佛於無量大劫海에

설 지 방 편 무 륜 필
說地方便無倫匹하사

소 설 무 변 무 유 궁
所說無邊無有窮하시니

선 사 음 천 지 차 의
善思音天知此義로다

부처님은 한량없는 큰 겁의 바다에서
지위와 방편을 설하심이 짝할 이 없으시며
설하신 것이 끝이 없고 다함이 없으시니
선사유음 천왕이 그 뜻을 알았도다.

일반적인 상식으로도 부처님의 설법은 그 양이 대단히 많다. 흔히 8만4천 법문이니, 또는 팔만대장경이라고 표현한다. 그러나 화엄경의 설법은 상설常說이며 변설徧說이라고 하여 무한한 세월 동안 항상 설하고 있으며, 무한한 공간에서 늘 설하고 있어서 언제 어디서든 설하지 않는 시간이 없고 설하지 않는 장소가 없다.

여래 신 변 무 량 문
如來神變無量門이여

일 념 현 어 일 체 처
一念現於一切處에

강 신 성 도 대 방 편
降神成道大方便하시니

차 장 엄 음 지 해 탈
此莊嚴音之解脫이로다

여래의 신통변화 한량없는 문이여
한 생각에 모든 곳에서
탄생하고 성도하는 큰 방편을 나타내시니
이것은 연장엄음 천왕의 해탈이로다.

여래의 신통변화는 한량이 없어서 한 생각에 모든 곳에서 부처님이 탄생하시고, 사문유관四門遊觀하시고, 유성출가踰城

出家하시고, 설산수도雪山修道하시고, 성도하시고, 설법하시고, 열반하시는 등등 일을 다 나타내 보이신다. 이것이 시간도 무애하고 공간도 무애하여 사사무애事事無礙하며 시시무애時時無礙한 화엄의 이치이다.

위력소지능연설
威力所持能演說하며 　及現諸佛神通事하사
급현제불신통사
及現諸佛神通事하사

수기근욕실영정
隨其根欲悉令淨케하시니 **此光音天解脫門**이로다
차광음천해탈문
此光音天解脫門이로다

위신력을 가져서 연설하시며
모든 부처님의 신통한 일을 나타내시사
그 근기와 욕망을 따라서 모두 청정케 하시니
이것은 심심광음 천왕이 해탈한 문이로다.

부처님께서 설법하시고 신통을 나타내시는 일은 무엇을 목적으로 하는가. 중생들의 근기와 수준과 욕망과 심성을 따라 모두 청정케 하려고 함이다. 사람들을 청정하게 하고 세상을 청정하게 하고자 하는 것이 부처님 삶의 목적이다.

여래지혜무변제　　　세중무등무소착
如來智慧無邊際하사　**世中無等無所着**하사대

자심응물보현전　　　광대명천오사도
慈心應物普現前하시니　**廣大名天悟斯道**로다

여래의 지혜는 끝이 없으시며
세상에서 같을 이도 없고 집착도 없어
자비한 마음으로 중생에게 맞춰서 널리 나타나시니
광대명칭 천왕이 이 도를 깨달았네.

뛰어난 지혜란 그 끝이 없어야 하며, 세상에서 아무도 같을 이가 없어야 하며, 그 어디에도 집착하는 바가 없어야 한다. 그와 같은 지혜에는 반드시 자비가 샘솟게 되어 있다. 불교를 지혜와 자비의 종교라고 하는 까닭이 여기에 있다.

불석수습보리행　　　공양시방일체불
佛昔修習菩提行하사　**供養十方一切佛**하고

일일불소발서심　　　최승광문대환희
一一佛所發誓心하시니　**最勝光聞大歡喜**로다

부처님이 옛적에 보리행을 닦으사
시방의 모든 부처님께 공양하고
낱낱 부처님 처소에서 서원을 세우시니
최승정광 천왕이 듣고 크게 환희하도다.

보리행이란 지혜와 자비를 뜻한다. 지혜와 자비의 구체적인 행은 곧 시방 일체 모든 생명, 모든 사람을 부처님으로 받들어 섬기며 공양 공경하며 존중 찬탄하는 일이다. 이러한 수행이야말로 가장 위대한 서원이다. 그러므로 불교 수행의 단적인 표현은 언제나 보리심을 내고 보리행을 닦는 일이라고 하는 것이다.

5. 대범 천왕과 그 대중들의 득법과 게송

1) 득법

부 차 시 기 범 왕   득 보 주 시 방 도 량 중 설 법
復次尸棄梵王은 **得普住十方道場中說法**호대

이 소 행 청 정 무 염 착 해 탈 문
而所行淸淨無染着解脫門하니라

다시 또 시기尸棄 범왕은 널리 시방의 도량 중에 머물면서 법을 설하되 행하는 바가 청정해서 물들거나 집착하지 않는 해탈문을 얻었습니다.

범왕梵王은 범천梵天이라고도 한다. 색계 초선천의 왕이다. 원래 힌두교의 신이었으나 불교가 일어나면서 불교적 선신善神으로 수용되었다. 불교에서는 늘 제석천帝釋天과 짝을 이루며 불교를 옹호하는 신으로 묘사된다.

시기 범왕은 부처님의 만행 만덕 중에서 시방의 도량에서 설법을 하더라도 행하시는 일이 텅 비고 청정하여 일체 상이 없고 염착이 없는 것에서 해탈에 들어가는 문을 얻었다. 중생들은 무엇이든 하는 것마다 물들고 집착하며 상을 낸다.

혜 광 범 왕   득 사 일 체 중 생   입 선 삼 매 주 해
慧光梵王은 **得使一切衆生**으로 **入禪三昧住解**

一. 세주묘엄품世主妙嚴品 2

탈 문
脫門하니라

혜광慧光 범왕은 일체 중생으로 하여금 선禪 삼매에 들어가서 머물게 하는 해탈문을 얻었습니다.

불교 공부의 기본을 삼학三學이라고 하는데 즉 계戒와 정定과 혜慧다. 계를 닦고 다음으로 선정을 닦고 다음에는 지혜가 발생한다. 이 또한 해탈에 들어가는 중요한 문이 된다.

선 사 혜 광 명 범 왕   득 보 입 일 체 부 사 의 법 해
善思慧光明梵王은 **得普入一切不思議法解**

탈 문
脫門하니라

선사혜광명善思慧光明 범왕은 일체 불가사의한 법에 널리 들어가는 해탈문을 얻었습니다.

세상 모든 존재의 존재 원리는 참으로 불가사의하다. 아무리 하찮은 것이라 하더라도 자세히 관찰해 보면 참으로

신기하기 이를 데 없다. 그 이치를 깨달아서 중생들에게 널리 가르치신 법도 또한 불가사의하다. 이러한 이치에 깊이 들어가서 해탈로 들어가는 문을 얻었다.

보운음범왕　　득입제불일체음성해해탈문
普雲音梵王은 **得入諸佛一切音聲海解脫門**하니라

보운음普雲音 범왕은 모든 부처님의 일체 음성의 바다에 들어가는 해탈문을 얻었습니다.

부처님의 일체 음성이란 곧 법을 설하시는 음성을 뜻한다. 법을 설하시는 음성에 들어간다면 법의 바다에서 노닌다는 뜻이다. 이것으로써 해탈에 들어가는 문을 얻었다.

관세언음자재범왕　　득능억념보살　교화
觀世言音自在梵王은 **得能憶念菩薩**의 **敎化**
일체중생방편해탈문
一切衆生方便解脫門하니라

관세언음자재觀世言音自在 범왕은 보살이 일체 중생을 교화하는 방편을 기억하는 해탈문을 얻었습니다.

보살이 할 일이란 자나 깨나, 앉으나 서나, 가나 오나 모두가 중생을 교화하는 일이다. 중생을 교화하려면 근기에 따라 갖가지 알맞은 방편을 생각해야 한다.

적정광명안범왕   득현일체세간업보상각
寂靜光明眼梵王은 **得現一切世間業報相各**
차별해탈문
差別解脫門하니라

적정광명안寂靜光明眼 범왕은 일체 세간 업보의 모습이 각각 차별함을 나타내는 해탈문을 얻었습니다.

업력난사의業力難思議라고 하였다. 세상 사람들의 업력은 참으로 알기 어렵고 생각하기 어렵다. 불가사의한 것이 세상 사람들의 업력이다. 그 업력에 의하여 각각 차별하게 나타난 것이 지금 눈앞에 펼쳐진 세상의 모습이다.

보광명범왕　　득수일체중생　　품류차별
普光明梵王은 **得隨一切衆生**의 **品類差別**하야

개현전조복해탈문
皆現前調伏解脫門하니라

보광명普光明 범왕은 일체 중생의 품류가 차별함을 따라서 모두 그 앞에 나타나서 조복하는 해탈문을 얻었습니다.

일체 중생의 품류가 각각 차별한 것도 역시 각각의 업력이 다르기 때문이다. 그 각각 다른 품류의 차별함을 따라 알맞게 교화하고 조복하는 일은 실로 보살이 아니면 불가능하다.

변화음범왕　　득주일체법청정상적멸행경
變化音梵王은 **得住一切法淸淨相寂滅行境**

계해탈문
界解脫門하니라

변화음變化音 범왕은 일체 법의 청정한 모습과 적멸한

행行의 경계에 머무는 해탈문을 얻었습니다.

　모든 존재는 궁극적으로 텅 비어 청정한 모습이 본래의 모습이다. 그리고 아무리 왕성한 행위를 한다 하더라도 또한 적멸하여 고요한 자리가 본래의 자리이다. 모든 존재에는 이렇게 양면성이 있다. 표면적인 현상의 사事면과 존재의 본질인 이理면이 그것이다. 이면은 언제나 청정하고 적멸한 모습이다.

_{광 요 안 범 왕} 　　_{득 어 일 체 유} 　_{무 소 착}　　_{무 변}
光耀眼梵王은 **得於一切有**에 **無所着**하며 **無邊**
_제　　_{무 의 지} 　　_{상 근 출 현 해 탈 문}
際하며 **無依止**하야 **常勤出現解脫門**하니라

　광요안光耀眼 범왕은 일체 존재[有]에 집착할 바가 없으며, 끝이 없으며, 의지가 없어서 항상 부지런히 출현하는 해탈문을 얻었습니다.

　보살은 일체 존재와 함께하면서 중생들을 교화하지만

그 일체 존재에 대해서 집착할 바가 없으며, 일체 존재에 걸릴 것도 없으나 항상 부지런히 출현하여 교화를 편다. 이것이 보살이 세상에 처하는 자세다.

_{열 의 해 음 범 왕} _{득 상 사 유 관 찰 무 진 법 해 탈}
悅意海音梵王은 **得常思惟觀察無盡法解脫**
_문
門하니라

열의해음悅意海音 범왕은 다함이 없는 법을 항상 사유하고 관찰하는 해탈문을 얻었습니다.

법문무량서원학法門無量誓願學이라고 하였다. 법문이 아무리 끝없이 많더라도 항상 관찰하고 사유하면서 다 배우기를 서원하며 사는 것이 불자의 삶이다.

2) 게송

爾時_에 尸棄大梵王_이 承佛威力_{하사} 普觀一切
梵身天梵輔天梵衆天大梵天衆_{하고} 而說頌言_{하니라}

그때에 시기대범왕이 부처님의 위신력을 받들어 모든 범신천梵身天과 범보천梵輔天과 범중천梵衆天과 대범천大梵天의 대중들을 두루 살피고 게송으로 말하였습니다.

색계에 있는 사선천四禪天 중에서 초선천初禪天의 하늘 대중들이다. 정거천淨居天 또는 정범지淨梵地라는 하늘에 있는 대자재천大自在天에서부터 차츰차츰 내려오면서 사선천, 삼선천, 이선천을 거쳐 다섯 번째인 초선천의 대중에까지 이르렀다.

구사론에서 설명하는 하늘에 대한 이야기는, 오늘날 우주의 구조와 천체의 생성과 진화, 천체의 역학적 운동, 거리, 광도, 표면 온도, 질량, 나이 등등을 전문적으로 연구하는 천문학에서 설명하고 있는 천체의 이론과는 많이 다르다. 정거천이니 사선천이니 하는 하늘은 사람의 의식이 만든 하늘

인 의성천意成天으로 본다. 하늘에 사는 사람을 의성신意成身이라고 한다.

불신청정상적멸
佛身淸淨常寂滅하사

광명조요변세간
光明照耀徧世間하사대

무상무행무영상
無相無行無影像이어

비여공운여시견
譬如空雲如是見이로다

부처님의 몸은 청정하고 항상 적멸하시나
세간에 두루 하게 광명을 비추시도다.
형상도 없고 행위도 없고 그림자도 없는 것이
마치 하늘의 구름처럼 그렇게 나타나도다.

부처님의 몸은 청정하며, 공하며, 적멸하다. 그렇지만 온 세간을 광명으로 꽉 채우며 밝게 비춘다. 그래서 형상도 없고 행위도 없고 그림자도 없다. 그와 같은 부처님의 몸이란 무엇일까. 모든 존재의 보이지 않는 본질이다. 존재의 법칙인 진리다. 그래서 보이지는 않지만 모든 존재를 존재하게 한다. 하늘과 구름, 구름과 하늘이 서로서로 걸리지 않는 것과 같다.

| 불신여시정경계 | 일체중생막능측 |
| 佛身如是定境界여 | 一切衆生莫能測이어늘 |

| 시피난사방편문 | 차혜광왕지소오 |
| 示彼難思方便門하시니 | 此慧光王之所悟로다 |

부처님 몸의 이와 같은 선정 경계는

일체 중생이 측량할 수 없거늘

생각하기 어려운 저 방편문을 보이시니

이것은 혜광慧光 범왕의 깨달은 바로다.

부처님의 몸을 여러 가지로 설명한다. 여기에서는 선정 경계로 말하였다. 선정 경계도 또한 중생으로서는 측량할 길이 없다. 그와 같은 선정 경계에서 불가사의한 방편의 문을 보이신다.

| 불찰미진법문해 | 일언연설진무여 |
| 佛刹微塵法門海를 | 一言演說盡無餘호대 |

| 여시겁해연불궁 | 선사혜광지해탈 |
| 如是劫海演不窮이여 | 善思慧光之解脫이로다 |

세계의 미진수와 같은 법문 바다를
한마디 말로 남김없이 다 연설하기를
이와 같이 억겁 동안 끝없이 연설함이여
선사혜광명善思慧光明 범왕의 해탈이로다.

법을 설할 때 말을 많이 한다고 해서 반드시 훌륭한 법문은 아니다. 한마디의 말로 미진수와 같은 법문 바다를 남김없이 다 표현할 수 있다. 그뿐만 아니라 작은 한 가지 동작으로도 한량없는 법문을 다 표현할 수 있다. 꽃을 한 송이 든다든지, 손가락을 하나 세운다든지, "할"을 한마디 지른다든지, 몽둥이로 한번 후려친다든지 하는 동작으로 한량없는 법문을 다 표현하기도 한다.

제불원음등세간
諸佛圓音等世間이여
중생수류각득해
衆生隨類各得解호대
이어음성불분별
而於音聲不分別하시니
보음범천여시오
普音梵天如是悟로다

모든 부처님의 원만한 음성은 세간과 같으시니

중생들은 부류를 따라 각각 이해하되
그 음성에는 분별이 없으시니
보운음普雲音 범왕이 이와 같이 깨달았네.

부처님의 음성은 원음이라 하여 방언이 많은 인도의 여러 지방 사람들도 다 알아들었다고 한다. 지금으로 말하면 어느 나라 사람이든지 자기 나라의 언어로 알아들었다는 뜻이다. 오늘날 불교가 세계 만방에 전파되어 나라가 다르고 민족이 다르고 언어가 달라도 모두 다 공부할 수 있게 된 것과 같은 이치다.

삼세소유제여래
三世所有諸如來의

취입보리방편행
趣入菩提方便行이여

일체개어불신현
一切皆於佛身現하시니

자재음천지해탈
自在音天之解脫이로다

과거 현재 미래의 모든 여래께서
보리에 나아가는 방편의 행을
일체를 다 부처님의 몸에서 나타내시니

관세언음자재觀世言音自在 범왕의 해탈이로다.

보리에 나아가는 방편의 행이란 깨달음의 지혜로 모든 사람 모든 생명을 부처님으로 이해하여 받들어 섬기는 자비의 실천이다. 이러한 행을 모두가 부처님 자신의 몸으로부터 나타내신다고 하였다. 실로 지혜와 자비는 다른 곳으로부터 가져오는 것이 아니다. 자기 자신에게서 찾고 자기 자신의 능력으로 실천에 옮기는 것이다.

일 체 중 생 업 차 별
一切衆生業差別이라

수 기 인 감 종 종 수
隨其因感種種殊어든

세 간 여 시 불 개 현
世間如是佛皆現하시니

적 정 광 천 능 오 입
寂靜光天能悟入이로다

일체 중생의 업은 각각 차별함이라
그 원인을 따라 나타난 모습이 가지가지 다르도다.
이와 같은 세간에 부처님이 다 나타나셨으니
적정광명안寂靜光明眼 범왕이 능히 깨달았도다.

사람 사람이 업을 짓는 인연이 다 다르므로 그 결과도 또한 다 다르다. 각각 다른 업으로 펼쳐진 세상을 따라 부처님은 다 나타나서서 일일이 교화를 하신다. 이러한 사실은 많은 사람들을 대하다 보면 절실하게 느끼지만 부처님처럼 업에 따라 알맞게 상대하고 교화하기란 여간 어려운 것이 아니다.

무 량 법 문 개 자 재　　　조 복 중 생 변 시 방
無量法門皆自在하야　　**調伏衆生徧十方**호대
역 불 어 중 기 분 별　　　차 시 보 광 지 경 계
亦不於中起分別하시니　**此是普光之境界**로다

한량없는 법문에 다 자재하시고
온 시방 중생들을 모두 조복하시되
그 가운데서 분별을 일으키지 않으시니
이것은 보광명普光明 법왕의 경계로다.

사람이 사람을 분별하고 차별하는 일은 법을 설하는 데만 있는 일이 아니라 온갖 관계에서 다 있는 일이다. 차별하지 않으면서 사람을 대하고 법을 설하는 것은 부처님의 무한한 대자비의 힘이리라.

불신여공불가진
佛身如空不可盡이라

무상무애변시방
無相無礙徧十方하사대

소유응현개여화
所有應現皆如化하시니

변화음왕오사도
變化音王悟斯道로다

부처님의 몸은 허공과 같아서 다함이 없고
형상 없고 걸림 없어 시방에 두루 하여
응하여 나타남이 모두 환화幻化와 같으시니
변화음變化音 범왕이 이 도를 깨달았네.

부처님의 몸이란 진리의 몸이다. 진리는 어디든지 두루 하지 않은 데가 없다. 마치 허공과 같다. 허공이 무슨 모양이 있던가. 허공이 어디에 걸림이 있던가. 그래서 중생들에게 나타나는 것도 마치 홀로그램과 같다. 있으면서 없고 없으면서 있다.

여래신상무유변　　　지혜음성역여시
如來身相無有邊하며　　**智慧音聲亦如是**하사

처세현형무소착　　　광요천왕입차문
處世現形無所着하시니　　**光耀天王入此門**이로다

여래의 신상은 끝이 없으며

지혜와 음성도 그와 같으시어

세상에 형상을 나타내되 집착이 없으시니

광요안光耀眼 범왕이 이 문에 들어갔도다.

일체의 형상이 모두 여래의 신상이며, 일체의 소리가 모두 여래의 음성이다. 이러한 이치를 알면 어떤 형상과 어떤 소리에도 집착하지 않을 것이다.

법왕안처묘법궁　　　법신광명무부조
法王安處妙法宮하사　　**法身光明無不照**하사대

법성무비무제상　　　차해음왕지해탈
法性無比無諸相하시니　　**此海音王之解脫**이로다

법왕께서 미묘한 법의 궁전에 편안히 머무시어

법신의 광명이 비치지 않는 데가 없되

법의 성품은 비할 데 없고 형상도 없으시니
이것은 열의해음悅意海音 범왕의 해탈이로다.

법의 왕이란 미묘한 법을 깨달아 언제나 법 속에서 삶을 영위하는 사람이다. 그러므로 그는 언제나 법의 궁전에 편안히 머물고 있다. 법을 깨달은 사람이라면 그의 몸은 법신이다. 법신이라면 언제나 법의 광명을 놓아 두루 다 비춘다. 그리고 비교할 수 없는 법의 성품을 누리고 있다.

6. 자재 천왕과 그 대중들의 득법과 게송

1) 득법

부 차 자 재 천 왕　　　득 현 전 성 숙 무 량 중 생 자 재
復次自在天王은 **得現前成熟無量衆生自在**

장 해 탈 문
藏解脫門하니라

다시 또 자재自在 천왕은 눈앞에서 한량없는 중생들

을 성숙시켜서 자재하게 하는 해탈문을 얻었습니다.

욕계육천欲界六天의 하늘이 시작된다. 타화자재천他化自在天과 화락천化樂天과 지족천知足天과 시분천時分天과 삼십삼천三十三天 중 일천日天과 월천月天으로 이어진다.

자재천 또는 대자재 천왕은 마혜수라摩醯首羅·마혜습대라摩醯濕代羅라 하며, 줄여서 자재천自在天이라고도 한다. 이 천왕은 세 눈과 여덟 개의 팔을 가졌으며 천관天冠을 쓰고 흰 소를 타고 있으며, 흰 불자拂子를 든 큰 위덕을 가지고 있다. 원래 인도 브라만교의 신으로 만물 창조의 최고의 신이다. 외도들은 이 신을 세계의 본체, 창조주라 하며 이 신이 즐거워하면 중생이 편안하고, 화를 내면 중생이 고달프며, 온갖 물건이 죽어 없어지면 모두 이 신에게 돌아간다고 한다. 이 신을 비서사毘遮舍라 부르기도 하고, 초선천初禪天의 천왕이라고도 하고, 이사나伊舍那 혹은 제육천주六天主라고도 한다.

선목주천왕 득관찰일체중생락   영입성
善目主天王은 **得觀察一切衆生樂**하야 **令入聖**
경계락해탈문
境界樂解脫門하니라

선목주善目主 천왕은 일체 중생의 즐거움을 관찰해서 성인聖人 경계의 즐거움에 들어가게 하는 해탈문을 얻었습니다.

일체 중생들이 즐거워하는 일은 무엇일까? 재財, 색色, 식食, 명名, 수壽 라는 다섯 가지 욕망이다. 대개의 사람들은 오로지 일생 동안 이 다섯 가지 욕망만을 좇아서 내닫는다. 사람으로 태어나서 오로지 이러한 욕망만을 추구한다면 젊음과 열정과 기운과 시간들이 너무 아깝다. 성인의 가르침을 배워서 성인 경계의 즐거움을 자신의 즐거움으로 대체할 수 있다면 얼마나 다행한 일일까? 참으로 사람으로 태어난 보람을 한껏 누리는 삶이 될 것이다.

묘보당관천왕　　득수제중생　　종종욕해
妙寶幢冠天王은 **得隨諸衆生**의 **種種欲解**하야

영기행해탈문
令起行解脫門하니라

묘보당관妙寶幢冠 천왕은 모든 중생의 갖가지 욕망과 이해를 따라서 행을 일으키게 하는 해탈문을 얻었습니다.

청정한 신행 생활을 하도록 권장하는 일은 매우 훌륭한 일이면서 또한 어려운 일이다. 무턱대고 좋아서 권장한다고 해서 반드시 따르는 것은 아니다. 사람 사람의 욕망과 이해와 성품이 모두 다르므로 그 욕망과 이해와 성품을 잘 관찰하여 그것을 따라 신행을 일으키게 하는 선교 방편이 대단히 중요하다.

용맹혜천왕　　득보섭위일체중생소설의해
勇猛慧天王은 **得普攝爲一切衆生所說義解**

탈문
脫門하니라

용맹혜勇猛慧 천왕은 일체 중생을 위해서 말한 바의 뜻을 널리 거두어들이는 해탈문을 얻었습니다.

부처님의 설법이란 모두가 일체 중생을 교화하기 위한 설법이다. 그 설법이 얼마나 많겠는가. 그 많은 가지가지 설법들의 의미를 모두 거두어들이고 이해하고 수용하는 것으로써 해탈에 들어가는 문을 얻었다.

묘 음 구 천 왕　　　득 억 념 여 래 광 대 자　　　증 진 자
妙音句天王은 **得憶念如來廣大慈**하야 **增進自**

소 행 해 탈 문
所行解脫門하니라

묘음구妙音句 천왕은 여래의 넓고 큰 자비를 기억해서 자신의 행할 바를 증장시키는 해탈문을 얻었습니다.

불교의 가르침은 참으로 넓고 다양하다. 만약 여래의 광대한 자비를 생각한다면, 자신의 관심과 수행과 실천이 모두 여래의 자비를 배우고 실천하면서 자비를 증장시킬 것이

다. 만약 여래의 지혜에 이해가 깊고 관심이 많은 사람이라면 지혜에 마음을 쏟으며 지혜를 증장시킬 것이다.

妙光幢天王은 得示現大悲門하야 摧滅一切憍慢幢解脫門하니라

묘광당妙光幢 천왕은 큰 자비의 문을 보여서 모든 교만의 깃대를 꺾어 없애는 해탈문을 얻었습니다.

참다운 자비심이 있는 사람은 늘 겸손하고 하심下心한다. 남을 대할 때 절대 교만심을 앞세우거나 자신을 드러내는 일이 없다. 이 또한 해탈로 들어가는 훌륭한 문이다.

寂靜境天王은 得調伏一切世間瞋害心解脫門하니라

적정경寂靜境 천왕은 모든 세간이 성내어 해치는 마음을 조복하는 해탈문을 얻었습니다.

세상의 모든 갈등과 전쟁과 침탈들은 탐욕과 분노와 어리석음이라는 삼독을 말미암아서 생기는 것이다. 특히 성내어 해치는 마음은 잠깐 일어난 화를 녹이지 못하고 상대에게 앙갚음을 하려는 데서 나온 것이다. 이러한 마음을 조복받아야 비로소 보살의 해탈에 이른다.

묘륜장엄당천왕
妙輪莊嚴幢天王은 得十方無邊佛이 隨憶念
실래부해탈문
悉來赴解脫門하니라

묘륜장엄당妙輪莊嚴幢 천왕은 시방의 가없는 부처님이 기억을 따라서 다 오시는 해탈문을 얻었습니다.

불신보변시방중佛身普徧十方中이라고 하였다. 실로 부처님의 몸은 시방에 가득하건만 사람들이 마음으로 기억하고 생각하지 아니하므로 내 앞에 나타나지 않고 오시지 않는다. 자신이 마음만 내면 언제든지, 또는 어디서든지 오시고 나타나신다. 그러므로 부처님이 오시는 날과 장소가 따로 있지 않다.

華光慧天王은 得隨衆生心念하야 普現成正覺
解脫門하니라

화광혜華光慧 천왕은 중생의 생각을 따라서 정각正覺을 이루는 것을 널리 나타내는 해탈문을 얻었습니다.

부처님이 정각을 이뤘다 하더라도 그 정각을 이해하는 것은 모두 중생들이 생각하는 것에 따라 다르다. 각자의 수행과 공부와 마음에 따라 부처님의 정각이 나타남이 모두 달라진다. 안타까운 일이지만 무당은 무당대로, 세속인은 세속인대로, 소승은 소승대로, 대승은 대승대로 각각 다르게 이해한다. 자기의 그릇만큼만 정각을 이해한다.

인 다 라 묘 광 천 왕   득 보 입 일 체 세 간   대 위
因陀羅妙光天王은 **得普入一切世間**하는 **大威**

력 자 재 법 해 탈 문
力自在法解脫門하니라

인다라묘광因陀羅妙光 천왕은 일체 세간에 널리 들어가는 큰 위력이 자재한 법의 해탈문을 얻었습니다.

부처님은 큰 위력이 있어서 일체 세간에 자유자재하게 들어간다. 어떤 근기와 어떤 수준의 중생 세상이라 하더라도 그 근기와 수준에 맞춰서 다 들어가 세상을 교화한다.

2) 게송

이 시   자 재 천 왕   승 불 위 력   보 관 일 체 자
爾時에 **自在天王**이 **承佛威力**하사 **普觀一切自**

재 천 중   이 설 송 언
在天衆하고 **而說頌言**하니라

그때에 자재自在 천왕이 부처님의 위신력을 받들어 모든 자재천 대중들을 두루 살피고 게송으로 말하였습니다.

불 신 주 변 등 법 계 　　　　보 응 중 생 실 현 전
佛身周徧等法界하사　　**普應衆生悉現前**이라

종 종 교 문 상 화 유 　　　　어 법 자 재 능 개 오
種種敎門常化誘하사　　**於法自在能開悟**로다

부처님의 몸이 두루 한 것이 법계와 같아서
중생들에게 널리 응하여 다 앞에 나타남이라.
갖가지 가르침으로 항상 교화하사
모든 법에 자재하게 깨닫게 하네.

　부처님의 몸이 법계와 같다면 법계가 그대로 부처님의 몸이다. 일체 중생은 모두 법계 안에 있으며 일체 중생과 삼라만상 천지만물이 함께 법계를 구성하고 있다. 그렇다면 법계가 그대로 일체 중생과 삼라만상 천지만물이며 부처님의 몸이다. 이 사실을 알면 따로 나타나고 할 것도 없으며, 달리 가르침으로 교화할 것도 없다. 지금 눈앞에 펼쳐진 여여한 모습 그대로일 뿐이다.

세간 소유 종종 락
世間所有種種樂에

성 적 멸 락 위 최 승
聖寂滅樂爲最勝일새

주 어 광 대 법 성 중
住於廣大法性中게하시니

묘 안 천 왕 관 견 차
妙眼天王觀見此로다

세간에 있는 갖가지 즐거움 중에
성스러운 적멸락寂滅樂이 가장 훌륭하여
넓고 큰 법성法性 중에 머물게 하니
묘안[妙目] 천왕이 이것을 보았네.

세간에는 중생들이 즐길 일들이 참으로 많다. 각자의 취향을 따라, 습관을 따라 무수히 많다. 그러나 그 모든 즐거움은 끝내 변하고 달라지고 싫증이 나는 것들이다. 출세간의 성스러운 적멸의 낙은 한번 얻으면 영원한 것이며 가장 수승한 것이어서 세간의 낙과는 비교할 수 없다. 그것은 곧 광대한 법성法性, 진리의 성품 안에 머무는 일이기 때문이다.

여 래 출 현 변 시 방
如來出現徧十方이여

보 응 군 심 이 설 법
普應群心而說法하사

일체의념개제단   차묘당관해탈문
一切疑念皆除斷하시니 ***此妙幢冠解脫門***이로다

여래께서 온 시방에 출현하시어
널리 중생들의 마음에 응하여 설법하사
모든 의심을 다 끊어 없애시니
이것은 묘보당관 천왕의 해탈문이로다.

여래께서 시방에 출현하여 온갖 중생들의 마음에 응하여 설법하시어 온갖 병을 다 치료하신다. 그중에서 의혹을 끊어 주는 일이 대단히 중요하다. 의혹이 있으면 어떤 일도 성사가 되지 않는다. 반대로 믿음이 있으면 어떤 일도 다 이룰 수 있다. 그래서 "믿음은 의혹의 그물을 끊고 애착의 물결에서 벗어나게 한다."[12]라고 하였다.

제불변세연묘음   무량겁중소설법
諸佛徧世演妙音이여 ***無量劫中所說法***을

---

12) 斷除疑網出愛流.

能以一言咸說盡_{하시니} 勇猛慧天之解脫_{이로다}

모든 부처님이 온 세상에 미묘한 소리를 연설함이여,
한량없는 겁 동안 법을 설하심이라.
능히 한 말로써 모두 다 설하시니
용맹혜 천왕의 해탈이로다.

미묘한 소리란 무엇인가. 음성이 아름다움을 말하는 것도 아니고 악기의 소리도 아니다. 노랫소리도 아니다. 진리의 가르침이야말로 진정 미묘한 소리이다. 진리의 소리는 오랫동안 설한 것을 한마디로 다 표현할 수도 있는 것이다. '할'과 '방'이 곧 그것이다.

世間所有廣大慈_가 不及如來一毫分_{이라}
佛慈如空不可盡_{이시니} 此妙音天之所得_{이로다}

세간에 있는 광대한 자비가

여래의 가는 털 하나만치도 미치지 못함이라.
부처님의 자비는 허공과 같아서 다할 수 없으니
이것은 묘음구 천왕의 얻은 바로다.

불보살의 자비는 보통 중생으로서는 그 크고 넓음을 가늠하기 어렵다. 경전의 표현으로는 세간의 넓고 큰 자비라 하더라도 여래의 가는 털 하나만도 못하다고 하였다. 실로 사람들이 아무리 자비심이 많다 하더라도 어찌 여래의 자비심과 비교할 수 있겠는가.

일 체 중 생 만 고 산
一切衆生慢高山을

십 력 최 진 실 무 여
十力摧殄悉無餘여

차 시 여 래 대 비 용
此是如來大悲用이시니

묘 광 당 왕 소 행 도
妙光幢王所行道로다

일체 중생들의 교만의 높은 산을
열 가지 힘[十力]13)으로 남김없이 다 꺾어 없앰이라.
이것은 여래의 큰 자비의 작용이니
묘광당 천왕이 행한 바 도道로다.

부처님의 능력을 표현하는 데 여러 가지가 있으나 열 가지 힘으로 표현하는 경우가 많다. 특히 중생들의 높은 교만의 산을 꺾어 없애는 경우라면 부처님의 힘을 이야기할 수밖에 없다. 그것은 곧 여래의 큰 자비의 작용이다. 남을 위협하거나 겁을 주려는 뜻이 아니다.

혜 광 청 정 만 세 간
慧光淸淨滿世間이여

약 유 견 자 제 치 암
若有見者除癡闇하야

영 기 원 리 제 악 도
令其遠離諸惡道케하시니

적 정 천 왕 오 사 법
寂靜天王悟斯法이로다

---

13) 십력十力 : ① 처비처지력處非處智力, 도리와 이치가 옳고 그른 것을 다 아는 지혜의 힘 ② 업이숙지력業異熟智力, 일체 중생의 삼세 업보를 다 아는 지혜의 힘 ③ 정려해탈등지등지지력靜慮解脫等持等至智力, 여러 가지 선정과 해탈과 삼매를 다 아는 지혜의 힘 ④ 근상하지력根上下智力, 중생들의 근기가 높고 낮음을 다 아는 지혜의 힘 ⑤ 종종승해지력種種勝解智力, 중생의 여러 가지 지해知解를 아는 지혜의 힘 ⑥ 종종계지력種種界智力, 중생들의 여러 가지 경계를 다 아는 지혜의 힘 ⑦ 변취행지력徧趣行智力, 여러 가지 행업行業으로 어디에 가서 나게 되는 것을 다 아는 지혜의 힘 ⑧ 숙주수념지력宿住隨念智力, 숙명통으로 중생의 가지가지 숙명을 다 아는 지혜의 힘 ⑨ 사생지력死生智力, 천안통으로 중생이 죽어서 태어날 때와 선한 곳과 악한 곳을 걸림 없이 다 아는 지혜의 힘 ⑩ 누진지력漏盡智力, 온갖 번뇌와 습기를 영원히 끊어 없애는 지혜의 힘.

지혜의 광명이 청정해서 세간에 충만함이여
만약 그것을 보는 이는 어리석음을 제거하여
모든 악도를 멀리 떠나게 하시니
적정경 천왕이 이 법을 깨달았네.

부처님이 이 세상에 오심은 한마디로 어리석음의 어둠을 제거하고 맑고 밝은 지혜의 광명을 세간에 가득 채우고자 함이다. 그 뜻을 상징적으로 표현한 것이 부처님 오신 날 등불을 밝히는 일이다. 세상의 어둠은 등불로 밝히고 사람들의 어리석음은 부처님 지혜의 가르침으로 제거하는 것이다. 이것이 부처님이 이 세상에 오신 뜻이며 불교가 할 일이다.

모 공 광 명 능 연 설　　　　등 중 생 수 제 불 명
毛孔光明能演說　　　　**等衆生數諸佛名**하사

수 기 소 락 실 득 문　　　　차 묘 륜 당 지 해 탈
隨其所樂悉得聞케하시니 **此妙輪幢之解脫**이로다

모공毛孔에서 내뿜는 광명이
중생들의 수와 같은 부처님의 명호를 연설하사

그 즐기는 바를 따라서 다 듣게 하시니
이것은 묘륜장엄당 천왕의 해탈이로다.

부처님의 모공에서 내뿜는 낱낱 광명이 그대로 부처님이며, 부처님의 법문이며, 부처님의 명호다. 사람 사람들의 일거수일투족, 그 어떤 동작이든 모두가 그 사람의 성품이며, 모습이며, 그 사람이다. 그런데 부처님이나 사람이나 대상을 이해하는 것은 또한 그 사람의 즐기는 바와 욕망과 취향과 성품을 따라 모두 다르게 보고 듣고 느낀다.

여래 자재 불 가 량
如來自在不可量이여

법 계 허 공 실 충 만
法界虛空悉充滿하사

일 체 중 회 개 명 도
一切衆會皆明覩케하시니

차 해 탈 문 화 혜 입
此解脫門華慧入이로다

여래의 자재함을 헤아릴 수 없음이여
법계와 허공계에 모두 충만하사
모든 법회에서 다 보게 하시니
이 해탈문은 화광혜 천왕이 들어갔도다.

사람의 마음 작용은 그 양을 헤아릴 수 없다. 아침에 눈을 떠서부터 활동하기 시작하여 하루 종일 온갖 대상을 다 보고 다 듣고 다 느끼고 다 안다. 그리고 그 대상에 따라 일일이 반응한다. 설사 잠이 들어도 그 마음의 작용은 쉬지 않고 꿈속에서, 혹은 무의식에서 온갖 작용을 다 한다. 몸은 죽어도 여래인 마음은 죽지 않고 할 일을 다 한다. 실로 시방삼세와 법계와 허공계에 충만하다.

무량무변대겁해
無量無邊大劫海에

보현시방이설법
普現十方而說法하사대

미증견불유거래
未曾見佛有去來니

차묘광천지소오
此妙光天之所悟로다

한량없고 끝도 없는 오랜 세월 동안
시방에 두루 나타나서 법을 설하시나
부처님은 가고 옴이 있음을 보지 못하였네.
이것은 인다라묘광 천왕의 깨달은 바로다.

삼라만상의 역사는 오래고도 오래다. 그 오랜 세월 동안 그렇게 있으면서 자신의 모습을 드러내는 그 사실이 곧 법을 설하는 것이다. 어떤 특정인이 있어서 가기도 하고 오기도 하고 말을 하고 하겠는가. 화엄의 견해는 삼라만상 두두물물이 모두가 그대로 부처님이요, 그대로가 설법이다.

7. 선화 천왕과 그 대중들의 득법과 게송

1) 득법

復次善化天王은 得開示一切業變化力解脫門하니라

다시 또 선화善化 천왕은 모든 업이 변화하는 힘을 열어 보이는 해탈문을 얻었습니다.

업력난사業力難思라고 하였다. 실로 업의 힘은 불가사의하다. 그리고 업은 역동적이다. 부단히 변한다. 씨앗이 움이 터서 잎을 만들고, 다시 줄기를 만들고, 그것을 반복하면서 커다란 나무를 만든다. 한순간도 그냥 있지 않고 변화하면서 성장하듯이 사람도 그와 같이 성장하고 변화하고 발전한다.

적 정 음 광 명 천 왕　　득 사 리 일 체 반 연 해 탈 문
寂靜音光明天王은 **得捨離一切攀緣解脫門**하니라

적정음광명寂靜音光明 천왕은 모든 반연을 떠나는 해탈문을 얻었습니다.

'식교절유息交絶遊'라는 말이 있다. 무엇인가를 이루려면 일체의 반연을 다 끊고 사람 노릇을 하지 않아야 한다. 여기저기, 이 일 저 일, 이 사람 저 사람 일일이 다 만나고 다 참여하면서 사람 노릇을 하다 보면 아무것도 할 수 없다.

변 화 력 광 명 천 왕　　득 보 멸 일 체 중 생 치 암 심
變化力光明天王은 **得普滅一切衆生癡闇心**하야

영 지 혜 원 만 해 탈 문
令智慧圓滿解脫門하니라

　변화력광명變化力光明 천왕은 널리 모든 중생의 어리석은 마음을 소멸하고 지혜가 원만하도록 하는 해탈문을 얻었습니다.

　구세대비救世大悲, 즉 세상을 구제하는 큰 자비심을 중요하게 생각하는 것이 불교이지만 그 이전에 어리석은 마음부터 소멸해야 한다. 어리석음은 어둠에 비유하고 지혜로움은 밝은 태양에 비유한다. 지혜가 없는 자비는 자칫 애착에 떨어질 수 있다. 그래서 먼저 지혜가 원만하기를 권한다.

장 엄 주 천 왕　　득 시 현 무 변 열 의 성 해 탈 문
莊嚴主天王은 **得示現無邊悅意聲解脫門**하니라

　장엄주莊嚴主 천왕은 끝없이 기쁜 마음의 소리를 보여주는 해탈문을 얻었습니다.

　진정한 해탈은 끝없는 기쁨이다. 해탈의 기쁨을 설법하

는 소리가 끝없이 기쁜 마음의 소리다.

염광천왕_{念光天王}은 得了知一切佛無盡福德相解脫
門하니라

염광_{念光} 천왕은 모든 부처님의 다함없는 복덕상을 아는 해탈문을 얻었습니다.

모든 부처님의 다함없는 복덕상을 어찌 알 수 있으랴. 사람 사람의 다함없는 마음의 작용과 그 마음의 작용으로 살아가는 삶의 복덕을 어찌 다 알 수 있으랴.

최상운음천왕_{最上雲音天王}은 得普知過去一切劫成壞次
第解脫門하니라

최상운음_{最上雲音} 천왕은 과거 모든 겁이 이뤄지고 무너지는 차제를 두루 다 아는 해탈문을 얻었습니다.

　공간을 형성하고 있는 물질도 생주이멸하고 성주괴공하지만 시간도 역시 과거와 현재와 미래로 끝없이 흘러간다. 공간과 시간이 어우러져서 우주도 사람도 이렇게 돌아가고 있다.

　　　승 광 천 왕　　득 개 오 일 체 중 생 지 해 탈 문
勝光天王은 **得開悟一切衆生智解脫門**하니라

　승광勝光 천왕은 모든 중생들을 깨닫게 하는 지혜의 해탈문을 얻었습니다.

　중생을 깨닫게 하는 것도 지혜고, 깨달음의 실체도 역시 지혜를 두고 이르는 말이다. 그러므로 깨달았다는 것은 지혜를 얻었다는 말이다.

　　　묘 계 천 왕　　득 서 광 질 만 시 방 허 공 계 해 탈 문
妙髻天王은 **得舒光疾滿十方虛空界解脫門**하니라

묘계妙髻 천왕은 광명을 펴서 시방 허공에 빨리 가득 차게 하는 해탈문을 얻었습니다.

경전에서 광명이란 언제나 지혜며, 지혜의 가르침이다. 지혜의 가르침이란 곧 불교다. 불교는 세상에 지혜를 전파하여 모든 사람들이 지혜롭게 살도록 하는 종교다. 하루빨리 온 시방에 지혜의 가르침을 가득 채워야 할 것이다.

희 혜 천 왕　　득 일 체 소 작 무 능 괴 정 진 력 해 탈
喜慧天王은 **得一切所作無能壞精進力解脫**
문
門하니라

희혜喜慧 천왕은 모든 하는 일을 능히 무너뜨릴 수 없는 정진력의 해탈문을 얻었습니다.

사람이 하는 일에는 쌓은 공도 무너지고 열심히 한 공부도 잊혀지고 지은 복도 날아가는 등등 자신이 하는 일들이 종종 무너지는 경우가 있다. 사람들은 말한다. 자신이 지은

복이나 배운 공부가 없어지지 않고 잊혀지지 않는다면 얼마나 좋을까 하고. 그래서 무너뜨릴 수 없는 정진력을 밝혔다.

華光髻天王은 得知一切衆生業所受報解脫門하니라

화광계華光髻 천왕은 일체 중생이 업으로 받는 과보를 아는 해탈문을 얻었습니다.

선인선과善因善果며 악인악과惡因惡果다. 불인불과佛因佛果며 보살인보살과菩薩因菩薩果다. 무엇이든 심는 대로 거둔다. 부처의 씨앗을 심으면 부처의 결과를 거두고 보살의 씨앗을 심으면 보살의 결과를 거둔다. 하물며 선과 악이겠는가.

普見十方天王은 得示現不思議衆生形類差

별 해 탈 문
別解脫門하니라

보견시방普見十方 천왕은 부사의한 중생들의 형류形類가 차별함을 나타내 보이는 해탈문을 얻었습니다.

구류동거일법계九類同居一法界 자라장리살진주紫羅帳裏撒眞珠라는 말이 있다. "불가사의한 종류의 중생들이 한 법계에 살고 있는 모습이 마치 아름다운 비단 위에 진주를 흩어 놓은 듯하다."라는 뜻이다. 이 법계에 사는 모든 중생들은 모두 차별하다. 그러므로 모양도 생각도 서로가 다르다는 것을 알아야 한다. 다만 서로가 다를 뿐이지 틀리지는 않다. 서로가 다른 모습 그대로 아름답고 신기하고 미묘 불가사의하다.

2) 게송

이 시   선 화 천 왕   승 불 위 력   보 관 일 체 선
爾時에 **善化天王**이 **承佛威力**하사 **普觀一切善**

화 천 중   이 설 송 언
化天衆하고 **而說頌言**하니라

그때에 선화善化 천왕이 부처님의 위신력을 받들어 모든 선화천 대중들을 두루 관찰하고 게송으로 말하였습니다.

<blockquote>

세 간 업 성 부 사 의
世間業性不思議를

불 위 군 미 실 개 시
佛爲群迷悉開示하사대

교 설 인 연 진 실 이
巧說因緣眞實理와

일 체 중 생 차 별 업
一切衆生差別業이로다

세간의 업의 성품이 부사의함을
부처님이 중생들을 위해 다 열어 보이시니
인연의 진실한 이치와
일체 중생의 차별한 업을 잘 설하시니라.

</blockquote>

세간의 업의 성품이 불가사의한 것은 모두가 인연을 따른 것이다. 중생 각자가 차별하게 업을 짓고 인연을 따름으로 그토록 불가사의하게 다르고 차별한다. 인연을 따라 차별한 것은 영원히 진실한 이치다. 이러한 이치를 이해하고, 긍정하고, 서로서로 수용한다면 갈등이란 없을 것이다.

一. 세주묘엄품世主妙嚴品 2

종종관불무소유   시방구멱불가득
種種觀佛無所有여   **十方求覓不可得**이라

법신시현무진실   차법적음지소견
法身示現無眞實하시니   **此法寂音之所見**이로다

가지가지로 부처님을 관찰해도 있는 데 없고
시방에서 다 찾아도 찾을 수 없네.
법신으로 보이심은 실재하는 것이 없나니
이 법은 적정음광명 천왕이 보았도다.

부처님은 여러 가지로 설명할 수 있다. 먼저 2천6백여 년 전에 인도에서 한 인간으로 태어나신 석가모니 부처님이 있다. 마음이 곧 부처님이라는 심즉시불心卽是佛도 있다. 사람이 그대로 부처라는 인즉시불人卽是佛도 있다. 우주 법계가 그대로 부처님의 법신이라는 뜻도 있다. 마음과 부처와 중생이 동일한 부처님이라는 뜻도 있다. 법신과 보신과 화신이 공히 부처님이라는 의미로도 사용한다. 그 모든 부처님을 다 포함하여 어떤 부처님을 찾아봐도 찾을 길이 없다. 어떤 부처님도 실체가 없기 때문이다.

불 어 겁 해 수 제 행　　　　위 멸 세 간 치 암 혹
佛於劫海修諸行은　　　**爲滅世間癡闇惑**이라

시 고 청 정 최 조 명　　　　차 시 력 광 심 소 오
是故淸淨最照明하시니　**此是力光心所悟**로다

부처님이 오랜 세월 수행한 것은
세간의 어리석은 미혹을 소멸시키기 위함이라
그러므로 청정하게 밝게 비추니
이것은 변화력광명 천왕이 마음에 깨달았네.

　부처님이 오랜 세월 동안 수행하신 것은 오로지 중생들의 어리석은 미혹을 소멸시키기 위해서다. 오늘날 모든 불교인들의 수행도 이와 같은 마음으로 시작해야 한다. 만약 자신의 안녕과 행복과 명예를 위해서 수행한다면 그것은 이미 불교적 수행이 아니다. 중생을 위한 뜨거운 자비심과 연민의 마음 때문에 깨달음을 얻고 지혜를 갖추는 것이다.

세 간 소 유 묘 음 성　　　　무 유 능 비 여 래 음
世間所有妙音聲이　　　**無有能比如來音**이라

불이일음변시방　　　입차해탈장엄주
佛以一音徧十方하시니　**入此解脫莊嚴主**로다

세간에 있는 바 아름다운 음성도
여래의 음성에는 비할 수 없어
부처님은 한 음성으로 시방에 두루 하시니
이 해탈에 든 이는 장엄주 천왕이로다.

세간의 음성과 비교할 수 없는 여래의 아름다운 음성이란 정각을 성취하여 진리를 가르치는 음성이다. 세간의 그 누가 부처님과 같은 정각을 성취하여 진리를 가르칠 수 있단 말인가. 진리의 가르침은 한 음성으로 온 시방에 두루 하게 한다.

세간소유중복력　　　불여여래일상등
世間所有衆福力이　**不與如來一相等**이라

여래복덕동허공　　　차염광천소관견
如來福德同虛空하시니　**此念光天所觀見**이로다

세간에 있는 바 모든 복력이

여래의 한 가지 복에 미치지 못한다.
여래의 복덕은 허공 같으시니
이것은 염광 천왕이 관찰했도다.

부처님의 아름다운 음성에 이어서 복덕을 밝히고 있다. 여러 가지 의미의 부처님을 다 포함하여 참으로 부처님의 복은 한량이 없다. 2천6백여 년 전에 전법傳法이라는 사업을 시작하여 오늘에 이르렀는데, 세속적인 관점에서 계산해 보더라도 그 오랜 역사와 양적 팽창과 불어난 재산과 무수한 제자와 사찰의 숫자와 보물과 문화재 등등 이루 다 헤아릴 수 없다. 이 모든 것이 시각적으로 가늠할 수 있는 부처님의 복이다. 그리고 사람 사람이 천지만물과 삼라만상과 춘하추동 등 온갖 사실들을 매 순간 매일 매년 이렇게 보고 이렇게 듣고 느끼고 알고 수용하는 이와 같은 무량대복이 또한 모두 사람인 여래의 복이다. 거기에 더하여 이러한 이치를 깨우쳐 주는 대방광불화엄경을 받들어 모시게 되었으니 그 복이 허공과 같다 한들 어찌 비유가 되겠는가.

삼 세 소 유 무 량 겁 　　　여 기 성 패 종 종 상
三世所有無量劫에　　**如其成敗種種相**을

불 일 모 공 개 능 현 　　　최 상 운 음 소 요 지
佛一毛孔皆能現하시니　**最上雲音所了知**로다

과거 현재 미래의 한량없는 겁 동안
그와 같이 이뤄지고 무너지는 갖가지 모양을
부처님의 한 모공毛孔에 다 나타내니
최상운음 천왕이 아는 바로다.

　부처님의 한 모공毛孔은 공간적으로는 무한 우주와 시방 세계이다. 시간적으로는 무한 과거와 무한 현재와 무한 미래다. 이 세상에 이와 같은 존재가 그 무엇이 있을까. 사람 사람의 지금 여기서 이 한 마음과 이 한 생각이다. 너무도 확실하고 너무도 분명하고 너무도 진실하다.

　선게禪偈에 이런 말이 있다. "눈가죽은 삼천대천세계를 다 덮고, 콧구멍은 천백억 신을 다 담았네. 개개가 대장부인데 누가 누구에게 굽히겠는가. 청천백일에 사람 속이지 말라. '돌咄', 가는 곳마다 사람을 만나서 속이기만 하도다."[14]라고 하였으니 참으로 진실하여라 이 말씀이여.

시방허공가지량　　　　불모공량불가득
十方虛空可知量이어니와 **佛毛孔量不可得**이니

여시무애부사의　　　　묘계천왕이능오
如是無礙不思議를 **妙髻天王已能悟**로다

시방의 허공은 그 양을 알 수 있으나

부처님의 모공毛孔은 그 양을 헤아릴 수 없어

이와 같이 걸림 없고 부사의함을

묘계 천왕이 이미 다 깨달았도다.

부처님의 한 모공毛孔에 대한 설명이 이어진다. 시방 허공의 그 양을 어찌 다 알 수 있겠는가. 설사 다 알 수 있는 능력이 있다 하더라도 부처님의 한 모공毛孔의 양은 헤아릴 수 없다. 아무리 궁구하고 또 궁구해 보라. 그대의 한 사람과 그대의 한 마음을 알 수 있는가. 실로 불가사의하고 또 불가사의하도다.

---

14) 眼皮盖盡三千界 鼻孔盛藏百億身 箇箇丈夫誰是屈 靑天白日莫謾人 咄 到處逢人驀面欺 李參政-出山相頌.

불어낭세무량겁	구수광대바라밀

佛於曩世無量劫에　　　**具修廣大波羅蜜**하사

근행정진무염태	희혜능지차법문

勤行精進無厭怠하시니　　**喜慧能知此法門**이로다

부처님은 옛적 한량없는 세월 동안

광대한 바라밀을 구족하게 닦으셨네.

부지런히 정진해서 게으름이 없었으니

희혜 천왕이 이 법문을 능히 알았네.

업성인연불가사	불위세간개연설

業性因緣不可思라　　**佛爲世間皆演說**

법성본정무제구	차시화광지입처

法性本淨無諸垢하시니　　**此是華光之入處**로다

업의 성품 그 인연은 불가사의하나

부처님은 세상 사람들을 위해서

법의 성품이 본래 맑아 때가 없음을 연설하시니

이것은 화광계 천왕이 들어간 곳이로다.

부처님이 불가사의하고, 사람이 불가사의하고, 마음이

불가사의하고, 업의 성품이 또한 불가사의하다. 그러나 부처님도 텅 비어 공하고, 사람도 텅 비어 공하고, 마음도 텅 비어 공하고, 업의 성품도 또한 텅 비어 공하다.

여응관불일모공
汝應觀佛一毛孔하라

일체중생실재중
一切衆生悉在中호대

피역불래역불거
彼亦不來亦不去니

차보견왕지소요
此普見王之所了로다

그대들은 부처님의 한 모공毛孔을 보라.
일체 중생이 다 그 속에 있어도
그들은 오지도 아니하고 가지도 아니하니
이것은 보견시방 천왕이 아는 바로다.

부처님의 한 모공毛孔을 보라. 그대의 한 마음을 보라. 일체 중생과 일체 부처님과 일체 보살들과 일체 화엄성중들과 일체 산하대지와 삼라만상이 다 그 속에 있건만 가지도 아니하고 오지도 아니하네.

8. 지족 천왕과 그 대중들의 득법과 게송

1) 득법

復次知足天王은 得一切佛出興世에 圓滿敎輪解脫門하니라

다시 또 지족知足 천왕은 모든 부처님이 세상에 출현하여 교법을 원만하게 하는 해탈문을 얻었습니다.

부처님이 이 세상에 오신 뜻은 당신이 깨달으신 진리의 내용을 전파하기 위해서이다. 깨달으신 진리의 내용을 교법 또는 교학, 교륜敎輪, 경학 등등으로 표현한다. 석가모니 부처님은 80세가 될 때까지 깨달음의 내용을 설법하셨다. 그 가운데 제일가는 경학은 대방광불화엄경이다. 부처님의 깨달음은 인류사에서 가장 큰 사건이며, 그 내용을 남김없이 설법하신 화엄경은 인류가 남긴 가장 위대한 걸작품이다.

희락해계천왕　　득진허공계청정광명신해
喜樂海髻天王은 **得盡虛空界淸淨光明身解**
탈문
脫門하니라

희락해계喜樂海髻 천왕은 온 허공계가 청정한 광명의 몸인 해탈문을 얻었습니다.

"온 허공계가 청정한 광명의 몸[盡虛空界 淸淨光明身]"이 얼마나 근사한 말씀인가. 만고의 절창이다. 화엄경의 안목을 이 한마디로 다 표현하셨다.

최승공덕당천왕　　득소멸세간고정원해해
最勝功德幢天王은 **得消滅世間苦淨願海解**
탈문
脫門하니라

최승공덕당最勝功德幢 천왕은 세간의 고통을 소멸하는 청정한 원력의 해탈문을 얻었습니다.

불교의 목적을 한마디로 표현하여 이고득락離苦得樂이라고도 한다. 세상 중생들의 온갖 고통을 소멸하고 적멸의 즐거움을 얻게 하고자 하는 것, 그것은 분명 커다란 보살의 원력이다.

적정광천왕
寂靜光天王은 **得普現身說法解脫門**하니라
득보현신설법해탈문

적정광寂靜光 천왕은 널리 몸을 나타내어 법을 설하는 해탈문을 얻었습니다.

부처님의 가르침은 세상의 그 어떤 가르침보다 위대하다. 이 위대한 가르침을 널리 전파하려면 세상에 수많은 포교사가 있어야 한다. 불교와 인연을 맺은 사람들은 너 나 할 것 없이 모두 화엄경을 공부하여 이 화엄의 도리를 세상에 널리 전파하여야 한다.

선목천왕   득보정일체중생해탈문
善目天王은 **得普淨一切衆生解脫門**하니라

선목善目 천왕은 일체 중생을 두루 청정하게 하는 해탈문을 얻었습니다.

불교를 세상에 널리 전파하여 일체 중생을 모두 다 청정한 몸과 청정한 정신으로 무장하게 하여, 다시 온 세상을 청정하게 하여야 할 것이다.

보봉월천왕   득보화세간   상현전무진장
寶峰月天王은 **得普化世間**하야 **常現前無盡藏**

해탈문
解脫門하니라

보봉월寶峰月 천왕은 세간을 널리 교화해서 항상 눈앞에 무진장을 나타내는 해탈문을 얻었습니다.

불교를 알면 지금 이대로가 무진장이다. 달리 무진장의 보물 창고는 없으며 찾을 길도 없다. 지금 이 보물 창고에는 보시도 들어 있고, 지계도 들어 있고, 인욕도 들어 있고, 정진과 선정과 반야와 방편과 서원과 힘과 지혜가 모두 들어 있다. 그뿐만 아니라 탐욕과 진에와 어리석음도 들어 있고, 웃음과 울음과 사랑과 미움도 들어 있다. 이것이 진정 무진장이다.

勇健力天王은 得開示一切佛正覺境界解脫門하니라

용건력勇健力 천왕은 일체 부처님의 정각의 경계를 열어 보이는 해탈문을 얻었습니다.

불교, 즉 부처님의 가르침이란 모두가 일체 부처님의 바른 깨달음의 경계를 열어 보이는 것이다. 만약 불교를 설명하면서 부처님의 깨달음에 근거하지 아니하고 다른 이야기를 한다면 그것은 이미 불교가 아니다. 포교사들은 심히 경계하고 또 경계해야 하리라.

금강묘광천왕　　득견고일체중생보리심
金剛妙光天王은 **得堅固一切衆生菩提心**하야

영불가괴해탈문
令不可壞解脫門하고

금강묘광金剛妙光 천왕은 일체 중생의 보리심을 견고하게 해서 무너지지 않게 하는 해탈문을 얻었습니다.

불교는 보리심을 발하는 것을 매우 중요하게 생각한다. 그래서 길을 가다가 동물을 만나면 반드시 "발보리심하라." 라고 일러 주고 간다. 자신도 보리심을 발해야 하고 다른 사람, 다른 생명들도 모두 보리심을 발해야 하기 때문이다.

성수당천왕　　득일체불출흥　　함친근관찰
星宿幢天王은 **得一切佛出興**에 **咸親近觀察**하야

조복중생방편해탈문
調伏衆生方便解脫門하고

성수당星宿幢 천왕은 모든 부처님이 출현함에 다 친근하고 관찰해서 중생들을 조복하는 방편의 해탈문을 얻

었습니다.

 부처님을 친근하고 선지식을 친근한다는 것은 곧 부처님의 가르침과 선지식의 가르침을 통해서 부처님의 정신과 선지식의 정신을 나의 삶으로 전환하는 데 그 뜻이 있다. 얼굴이나 쳐다보고 일상생활의 이야기나 나누자고 친근하는 것이 아니다. 그래서 저 유명한 "법을 보는 자는 나를 보고 나를 보는 자는 법을 본다."라는 말씀을 하신 것이다.

妙莊嚴天王은 得一念에 悉知衆生心하야 隨機應現解脫門하시니라

 묘장엄妙莊嚴 천왕은 한 생각에 중생들의 마음을 다 알아서 근기에 따라 응하여 나타나는 해탈문을 얻었습니다.

 전법과 포교를 잘 하려면 중생들의 마음을 다 알아야 한

다. 그리고 그들의 근기를 따라 알맞게 맞춰 가면서 혹은 자비로 혹은 위엄으로 가르쳐야 한다.

2) 게송

爾時_에 知足天王_이 承佛威力_{하사} 普觀一切知足天衆_{하고} 而說頌言_{하사대}

그때에 지족知足 천왕이 부처님의 위신력을 받들어 모든 지족천의 대중들을 널리 살피고 게송으로 말하였습니다.

如來廣大徧法界_{하사}　　於諸衆生悉平等_{하시며}

普應群情闡妙門_{하사}　　令入難思淸淨法_{이로다}

여래는 광대하여 법계에 두루 하사

모든 중생들에게 다 평등하시며
온갖 유정有情들에게 널리 응하여 미묘한 문을 여사
생각하기 어려운 청정한 법에 들어가게 하였네.

여래는 곧 법계다. 법계인 까닭에 법계에 두루 하며 모든 중생과 삼라만상에 모두 평등하다. 이와 같은 이치로써 온갖 유정들에게 널리 응하여 불가사의한 청정한 법에 들게 하신다.

불 신 보 현 어 시 방　　　무 착 무 애 불 가 취
佛身普現於十方하사　　**無着無礙不可取**나

종 종 색 상 세 함 견　　　차 희 계 천 지 소 입
種種色像世咸見하니　　**此喜髻天之所入**이로다

부처님의 몸은 시방에 널리 나타나시어
집착도 없고 걸림도 없어 취할 수 없으나
가지가지 색상을 세상에서 다 볼 수 있으니
이것은 희락해계 천왕의 들어간 바로다.

부처님의 몸은 특별한 모습을 갖추고 있지 않다. 시방세계에 다 나타나 있는 삼라만상과 산천초목이 모두 부처님의 몸이다. 산천초목도 부처님의 몸이거늘 어찌 사람의 몸인들 부처님의 몸이 아니겠는가. 그러므로 가지가지 색상을 세상에서 다 볼 수 있다고 한 것이다. 인불사상人佛思想을 넘어 화엄경은 만유개불萬有皆佛 사상이다.

여래 왕석 수 제 행
如來往昔修諸行에　　청정 대원 심 여 해
清淨大願深如海하사
일 체 불 법 개 영 만
一切佛法皆令滿케하시니　승 덕 능 지 차 방 편
勝德能知此方便이로다

여래가 지난 옛적 여러 가지를 수행하셔서
청정한 큰 원력이 바다처럼 깊으시네.
모든 부처님의 법을 다 원만하게 하시니
최승공덕당 천왕이 이러한 방편을 능히 알았네.

석가모니 부처님이 그토록 훌륭하게 된 것은 지난 옛적에 세운 원력의 힘이다. 불교도들이 이 점을 본받아서 법회가

끝난 뒤 흔히 네 가지 큰 서원을 세우는데 그 가운데 "법문이 한량이 없다 하더라도 맹세코 다 배우리다. 또 불도가 높고 높다 하더라도 맹세코 다 이루리다."라는 서원으로 끝없이 공부하며 앞으로 앞으로 나아가는 삶을 사는 것이다. 관세음보살님의 서원에도 "크고 큰 서원은 바다와 같이 깊다[弘誓深如海]."라고 하였다.

여래법신부사의
如來法身不思議여

여영분형등법계
如影分形等法界하사

처처천명일체법
處處闡明一切法하시니

적정광천해탈문
寂靜光天解脫門이로다

여래의 법신이 부사의함이여
그림자처럼 형상을 나누어 법계와 같게 하사
곳곳에서 모든 법을 열어 밝히시니
적정광 천왕의 해탈문이로다.

천 강에 물이 있으면 천 강에 달이 비치듯이 여래의 법신은 불가사의하여 그 형상을 그림자처럼 나누어 온 법계에 두루 하였다. 법계에 두루 하여 일체의 법을 열어 밝히려는 것이다.

중생업혹소전부   교만방일심치탕
衆生業惑所纏覆로   **憍慢放逸心馳蕩**이어늘

여래위설적정법   선목조지심희경
如來爲說寂靜法하시니   **善目照知心喜慶**이로다

중생은 업과 미혹으로 얽히고 뒤덮여서
교만과 방일로 마음이 방탕하거늘
여래가 그들을 위하여 적정법을 설하시니
선목 천왕이 비추어 알고 마음에 기뻐하도다.

중생들의 병 중에서 가장 나쁜 병은 교만과 방일이다. 교만이 많으면 남을 배려하거나 받드는 마음이 없고, 방일한 사람은 더 이상 발전이 없다. 그것은 모두가 어리석고 미혹한 탓이다. 어리석음이라는 어둠에 뒤덮여서 인생의 나아갈 바를 모르기 때문이다.

일 체 세 간 진 도 사　　　위 구 위 귀 이 출 현
一切世間眞導師여　**爲救爲歸而出現**하사

보 시 중 생 안 락 처　　　봉 월 어 차 능 심 입
普示衆生安樂處하시니　**峰月於此能深入**이로다

모든 세간의 참다운 도사導師시여

구원도 하고 귀의처가 되려고 출현하사

중생들의 안락한 곳을 널리 보이시니

보봉월 천왕이 여기에 깊이 들어갔네.

　사람들의 안락한 곳이란 동서남북이라는 어떤 장소를 뜻하는 것이 아니다. 인생의 진정한 안내자인 부처님께서는 고통 받는 중생들을 구원하고 영원한 귀의처가 되도록 출현하셨다. 부처님이 가르치신 진정으로 안락한 곳이 어디인지를 화두 삼아 참구하고 공부해야 할 것이다.

제 불 경 계 부 사 의　　　일 체 법 계 개 주 변
諸佛境界不思議여　**一切法界皆周徧**하사

입 어 제 법 도 피 안　　　용 혜 견 차 생 환 희
入於諸法到彼岸하시니　**勇慧見此生歡喜**로다

부처님의 경계 부사의함이여
일체 법계에 다 두루 하사
모든 법에 들어가서 피안에 이르시니
용건력 천왕이 이것을 보고 기뻐하도다.

부처님의 경계는 곧 일체 법계며, 일체 법계가 곧 부처님의 경계다. 중생들은 그렇지 못하여 자신이 거주하고 생활하고 관심이 있는 영역만 경계가 된다. 법계가 그대로 부처님이며, 부처님이 그대로 법계가 되기 때문이다.

약 유 중 생 감 수 화　　문 불 공 덕 취 보 리
若有衆生堪受化하야　**聞佛功德趣菩提**하면

영 주 복 해 상 청 정　　묘 광 어 차 능 관 찰
令住福海常淸淨케하시니　**妙光於此能觀察**이로다

만약 어떤 중생이 능히 교화를 받아서
부처님의 공덕을 듣고 보리에 나아가면
복의 바다에 안주하여 항상 청정케 하시니
금강묘광 천왕이 여기에서 능히 관찰했도다.

불법의 교화를 입어서 부처님을 알고, 부처님의 법을 알고, 부처님의 대중들을 알아서 삼보의 공덕을 듣고 깨달음에 나아가게 되면, 항상 복덕의 바다에 머물게 된다. 그 삶은 청정하고 평화롭고 행복하리라.

시 방 찰 해 미 진 수
十方刹海微塵數인

일 체 불 소 개 왕 집
一切佛所皆往集하야

공 경 공 양 청 문 법
恭敬供養聽聞法이여

차 장 엄 당 지 소 견
此莊嚴幢之所見이로다

시방세계의 미진수와 같은
모든 부처님 처소에 모두 모여서
공경하고 공양하고 법문 들음은
이것은 장엄[星宿]당 천왕이 본 바로다.

사람으로 태어나서 가장 평화롭고 행복하고 편안하게 사는 길은 진리를 깨달은 성인 앞에 모여서 공양하고 공경하고 존중하고 찬탄하면서 진리의 가르침을 듣고 명상하고 사색하면서 사는 일이다. 이와 같은 환경이 되었으나 그 복을 깨닫지 못한다면 세상에서 가장 애석한 사람이리라.

중생심해부사의 　　　　무주무동무의처
衆生心海不思議어 　　**無住無動無依處**어늘

불어일념개명견 　　　　묘장엄천사선요
佛於一念皆明見하시니 **妙莊嚴天斯善了**로다

중생의 마음바다 부사의함이여

머무름도 없고 움직임도 없고 걸림도 없거늘

부처님은 한 생각에 다 밝게 보시니

묘장엄 천왕이 이것을 잘 알았도다.

    중생들의 본래의 마음바다는 실로 어디에도 머무름이 없건만 미혹과 애착으로 처처에 머물고 있다. 중생들의 본래의 마음바다는 본래 어디에도 움직임이 없건만 처처에서 경계를 따라 나부끼고 있다. 중생들의 본래의 마음바다는 어디에도 의지하지 아니하며 걸리지 않건만 처처에 의지하고 걸려 있다. 응무소주이생기심應無所住而生其心이라 하지 않던가. 중생들의 마음바다는 본래로 머문 바가 없거늘 여기저기 머물고 처처에 걸리니 경고하신 말씀이다.

9. 시분 천왕과 그 대중들의 득법과 게송

1) 득법

_{부 차 시 분 천 왕}　　_{득 발 기 일 체 중 생 선 근}　_영
復次時分天王은 **得發起一切衆生善根**하야 **令**

_{영 리 우 뇌 해 탈 문}
永離憂惱解脫門하니라

다시 또 시분時分 천왕은 일체 중생의 선근을 일으켜서 근심과 고뇌를 길이 떠나게 하는 해탈문을 얻었습니다.

욕계 제3천의 천상을 야마천夜摩天이라 하는데 시분천時分天이라 번역한다. 연꽃의 잎이 벌어져 있고 닫혀 있는 연꽃의 개폐로 밤낮의 시간이 구분된다 해서 시분이라 한다. 또 이곳의 하루는 인간 세계의 2백 년에 해당하고 신들의 수명은 2천 살이라 한다. 근심과 걱정을 영원히 떠나려면 선근을 일으켜야 한다. 보살의 정신으로 자나깨나 선행만을 생각하고 선행만을 닦는 사람들에게는 자신의 문제 때문에 일어나는 근심 걱정은 없다.

묘 광 천 왕　　　　득 보 입 일 체 경 계 해 탈 문
妙光天王은 **得普入一切境界解脫門**하나라

묘광妙光 천왕은 모든 경계에 널리 들어가는 해탈문을 얻었습니다.

보살이 중생들을 교화하려면 어떤 경계든지 다 들어가야 한다. 그러므로 지장보살은 항상 지옥에서 고통받고 있는 중생들을 제도하기 위해서 지옥문 앞에서 사람들을 교화하고 있다고 한다.

무 진 혜 공 덕 당 천 왕　　　　득 멸 제 일 체 환 대 비 륜
無盡慧功德幢天王은 **得滅除一切患大悲輪**

해 탈 문
解脫門하나라

무진혜공덕당無盡慧功德幢 천왕은 모든 근심을 소멸하는 큰 자비의 해탈문을 얻었습니다.

중생을 향한 큰 자비심이 있는 사람에게는 일체 근심과 걱정이 없다. 오로지 중생을 사랑하고 애민히 여기는 마음뿐이다.

善化端嚴天王은 得了知三世一切衆生心解脫門하니라

선화단엄善化端嚴 천왕은 삼세 일체 중생의 마음을 아는 해탈문을 얻었습니다.

한 중생의 마음만 알면 일체 중생의 마음을 다 안다. 중생들의 마음이 무엇이겠는가. 다섯 가지 욕망과 탐진치 삼독심三毒心이 근본이 되어 8만4천 번뇌를 일으키는 것이다.

총지대광명천왕 득다라니문광명 억지
總持大光明天王은 **得陀羅尼門光明**으로 **憶持**
일체법무망실해탈문
一切法無忘失解脫門하니라

총지대광명總持大光明 천왕은 다라니문의 광명으로 모든 법을 기억해서 잊어버리지 않는 해탈문을 얻었습니다.

천왕의 이름과 같은 해탈문이다. 다라니는 총지總持, 즉 모든 이치와 모든 법문을 다 기억하여 지닌다는 뜻이다. 글을 쓰거나 강의를 하고자 할 때 가장 필요로 하는 것이 총지다. 기억이 되지 않으면 글이든 강의든 할 수가 없기 때문이다.

부사의혜천왕 득선입일체업자성부사의
不思議慧天王은 **得善入一切業自性不思議**
방편해탈문
方便解脫門하니라

부사의혜不思議慧 천왕은 모든 업의 자성에 잘 들어가는 부사의한 방편의 해탈문을 얻었습니다.

모든 업의 자성이란 업의 실체다. 어떤 하나의 업이 어떤 원인으로 지어졌으며 그 업의 힘은 어떤 작용을 하며, 또한 어떤 결과를 가져오는가 하는 등등의 불가사의한 업의 내용들이다.

윤 제 천 왕　　득 전 법 륜　　성 숙 중 생 방 편 해 탈
輪臍天王은 **得轉法輪**하야 **成熟衆生方便解脫**
문
門하니라

윤제輪臍 천왕은 법륜을 굴려서 중생을 성취시키는 방편 해탈문을 얻었습니다.

윤제란 배꼽이다. 인체의 중심이며 생명의 근원이다. 배꼽은 사람의 육신을 안전하게 유지시키는 중심기관의 역할과 작용을 한다. 불법에 있어서 가장 중요한 일은 법륜을 굴려서 중생들을 성숙시켜 교화하는 일이다. 마치 인체에 있어서 배꼽의 역할과 같다.

광염천왕　 득광대안　　보관중생　 이왕
光焰天王은 **得廣大眼**으로 **普觀衆生**하야 **而往**

조복해탈문
調伏解脫門하니라

　광염光焰 천왕은 넓고 큰 눈으로 중생들을 널리 살피고 가서 조복하는 해탈문을 얻었습니다.

　넓고 큰 눈이란 깨달음에 의한 지혜의 눈이며 자비의 눈이다. 지혜와 자비가 없으면 중생들을 살필 수 없으며 중생에게 가서 조복할 수도 없기 때문이다.

광조천왕　 득초출일체업장　　 불수마소작
光照天王은 **得超出一切業障**하야 **不隨魔所作**

해탈문
解脫門하니라

　광조光照 천왕은 모든 업장에서 벗어나서 마魔가 하는 짓을 따르지 않는 해탈문을 얻었습니다.

一. 세주묘엄품世主妙嚴品 2

마군에도 여러 종류가 있다. 밖에서 침범하는 마군이 있고 자기 안에서 자신의 수행을 방해하는 마군도 있다. 업장이란 자기 안에서 자신의 수행을 방해하는 마군이다. 만약 업장에서 벗어나게 된다면 그 사람의 공부는 거의 다 된 것이나 같다.

     보 관 찰 대 명 칭 천 왕   득 선 유 회 일 체 제 천 중
普觀察大名稱天王은 **得善誘誨一切諸天衆**하야

영 수 행 심 청 정 해 탈 문
令受行心淸淨解脫門하니라

  보관찰대명칭普觀察大名稱 천왕은 모든 하늘 대중들을 잘 가르쳐서 그들로 하여금 잘 받아 행해서 마음을 청정하게 하는 해탈문을 얻었습니다.

  하늘 대중이란 첫째 정직하고, 불법에 대한 신심이 높으며, 본심대로 살고, 자기 발전을 위해서 꾸준히 공부하고, 자신이 물심양면으로 도울 수 있는 사람들을 잘 도우며 살아가는 사람을 말한다. 그와 같은 이들은 가르치는 대로 받

아들이며 실천으로 옮긴다. 참으로 청정한 삶을 사는 사람들이다.

2) 게송

爾時_에 時分天王_이 承佛威力_{하사} 普觀一切時
分天衆_{하고} 而說頌言_{하니라}

그때에 시분時分 천왕이 부처님의 위신력을 받들어 모든 시분천의 대중들을 두루 살피고 게송으로 말하였습니다.

佛於無量久遠劫_에　已竭世間憂惱海_{하시고}

廣闢離塵淸淨道_{하사}　永耀衆生智慧燈_{이로다}

부처님은 한량없는 오랜 겁에

이미 세간의 근심과 고뇌의 바다를 다 없애고
번뇌를 떠난 청정한 길을 널리 여사
중생들에게 지혜의 등불을 길이 비추시네.

부처님이 오랜 세월 동안 세속적인 근심과 번뇌를 다 없애고 청정한 도를 열었다는 것은 화엄경 서두에서 밝힌 "비로소 정각을 이뤘다[始成正覺]."는 뜻이다. 부처님이 정각을 이뤄서 무엇을 하자고 하는가? 중생들의 가슴에 지혜의 등불을 밝히자는 것이다. 불교는 처음도 지혜요, 마지막도 지혜다. 초파일에 등불을 밝히거나 법당에 인등을 켜는 것은 오로지 이 지혜의 등불을 밝히는 것을 상징한다.

여래법신심광대   시방변제불가득
如來法身甚廣大하사   **十方邊際不可得**이라

일체방편무한량   묘광명천지능입
一切方便無限量하시니   **妙光明天智能入**이로다

여래의 법신은 매우 광대하사
시방에서 그 끝을 찾을 수 없어

모든 방편이 한량이 없으시니
묘광 천왕이 지혜로 능히 들어갔도다.

여래의 법신은 매우 넓고 커서 그 끝을 찾아도 찾을 수 없다. 그처럼 넓고 큰 법신이 쓰시는 모든 방편도 역시 한량이 없다. 우주 법계가 그대로 여래의 법신이며, 우주 법계의 모든 모습과 그 작용이 그대로 중생들을 깨우치기 위한 방편이다.

생로병사우비고 핍박세간무잠헐
生老病死憂悲苦가 **逼迫世間無暫歇**이어늘

대사애민서실제 무진혜광능각료
大師哀愍誓悉除하시니 **無盡慧光能覺了**로다

생로병사와 근심과 슬픔의 고통이
세간을 핍박해서 잠깐도 쉬지 않거늘
대사께서 애민히 여겨 맹세코 다 제거하시니
무진혜공덕당 천왕이 능히 밝게 깨달았네.

세상 사람들이 겪는 고통은 대단히 많다. 수만 가지가 되지만 생로병사와 근심 걱정과 슬픔이 근본이다. 이러한 고통들이 사람들을 잠깐도 쉬지 못하게 핍박하고 있다. 그러나 실은 이러한 고통들이 크나큰 선지식이다. 결핍이 재산이 되듯이 사바세계에는 이러한 고통이 있으므로 부처님의 가르침이 받아들여진다. 공부와 수행이 곧 이 고통을 먹고 성장한다. 이러한 고통이 없다면 누가 공부하고, 누가 복을 짓고, 누가 공덕을 쌓으며, 누가 수행을 하겠는가.

불 여 환 지 무 소 애
佛如幻智無所礙여

어 삼 세 법 실 명 달
於三世法悉明達하사

보 입 중 생 심 행 중
普入衆生心行中하시니

차 선 화 천 지 경 계
此善化天之境界로다

부처님의 환술과 같은 지혜 걸림이 없음이여
삼세의 법에 다 밝게 통달하사
널리 중생들의 마음 가운데 들어가시니
이것은 선화단엄 천왕의 경계로다.

"환술과 같은 자비와 지혜를 써서 중생들을 널리 제도한다."라는 말이 있다. 부처님은 지혜와 자비를 써서 중생들을 제도하지만 그 지혜와 자비는 실체가 있는 것이 아니기에 환술과 같다고 한다. 과거와 현재와 미래의 법을 아는 것도 역시 환술과 같은 지혜를 써서 통달한다. 법을 아는 것도 환술과 같은 지혜요, 중생을 제도하는 것도 역시 환술과 같은 지혜다.

총 지 변 제 불 가 득
總持邊際不可得이며

변 재 대 해 역 무 진
辯才大海亦無盡하사

능 전 청 정 묘 법 륜
能轉淸淨妙法輪하시니

차 시 대 광 지 해 탈
此是大光之解脫이로다

총지總持의 끝을 알 수 없으며
변재의 큰 바다도 다함이 없으사
청정하고 미묘한 법륜을 능히 굴리시니
이것은 총지대광명 천왕의 해탈이로다.

널리 기억하는 총지가 있어야 법을 설하는 변재가 마르

지 않는다. 탄허吞虛스님은 스스로 "분필 하나만 가지고 한 달을 강의해도 자신이 기억하는 것이 남는다."고 하였다. 실로 한 시간 강의에 큰 칠판에 작은 글씨로 세 번이나 가득 판서를 하였다. 티베트 사람들은 경전을 몇 달을 외울 수 있다고도 한다.

업 성 광 대 무 궁 진
業性廣大無窮盡을

지 혜 각 요 선 개 시
智慧覺了善開示하시니

일 체 방 편 부 사 의
一切方便不思議여

여 시 혜 천 지 소 입
如是慧天之所入이로다

업의 성품 넓고 커서 다함없거늘
지혜로써 깨달아 열어 보이시니
일체 방편이 부사의함이여
이러한 것은 부사의혜 천왕이 들어간 바로다.

무수한 세월을 거듭하여 살아오면서 지은 업의 성품은 실로 광대하기 이를 데 없다. 그러나 깨달음의 지혜는 그것을 모두 열어 보인다. 업의 힘도 불가사의하지만 깨달음의 지혜도 역시 불가사의하다.

전부사의묘법륜 　　현시수습보리도
轉不思議妙法輪하사　**顯示修習菩提道**하야

영멸일체중생고 　　차시윤제방편지
永滅一切衆生苦하시니　**此是輪臍方便地**로다

부사의하며 미묘한 법륜을 굴리사
닦아 익힌 보리도를 나타내 보여서
일체 중생의 고통을 길이 멸하시니
이것은 윤제 천왕의 방편이로다.

창고에 보물이 가득하더라도 등불이 아니면 사람이 보물을 볼 수 없듯이 미묘한 법륜을 굴려야 부처님이 오랜 세월 닦고 익힌 깨달음의 법을 나타내 보일 수 있다. 그러므로 설법이란 부처님을 대신해서 부처님의 일을 하는 것이다. 불법을 설하는 법사를 여래의 사자使者라고 하는 이유가 여기에 있다.

여래 진 신 본 무 이
如來眞身本無二로대 　　응 물 수 형 만 세 간
應物隨形滿世間하사

중 생 각 견 재 기 전
衆生各見在其前하시니 　　차 시 염 천 지 경 계
此是焰天之境界로다

여래의 참다운 몸은 본래 둘이 아니나
중생에게 맞추고 형상을 따라서 세간에 가득하사
중생들은 그 앞에서 제각기 보니
이것은 광염 천왕의 경계로다.

여래의 참다운 몸은 하나다. 그러나 수많은 중생들에게 맞추고 갖가지 형상을 따라서 세간에 가득히 그 몸을 나타낸다. 그뿐만 아니라 중생들도 제각기 자기 앞에 여래가 나타난 것을 분명히 본다. 일천 강에 물이 있으면 일천 강에 달은 다 나타나기 마련이다. 다만 달이 나타날 물이 있어야 하듯이 여래를 볼 수 있는 지혜와 믿음이 있어야 한다.

약 유 중 생 일 견 불
若有衆生一見佛이면 　　필 사 정 제 제 업 장
必使淨除諸業障하고

이 제 마 업 영 무 여 　　　 광 조 천 왕 소 행 도
離諸魔業永無餘케하시니 **光照天王所行道**로다

만약 어떤 중생이 한 번만 부처님을 보면
반드시 모든 업장을 깨끗이 제거하고
모든 마魔의 업을 남김없이 떠나게 되나니
광조 천왕이 행한 도道로다.

"만약 어떤 중생이 한 번만 부처님을 보면 반드시 모든 업장을 깨끗이 제거하고, 모든 마魔의 업을 남김없이 떠나게 된다."고 하였다. 그러나 "부처님은 어떤 형상도 아니요 음성도 아니다. 만약 형상이나 음성에서 부처님을 본다면 그는 삿된 길을 가는 것이다. 영원히 부처님을 보지 못한다." 라고 하였는데 어디서 무엇을 가지고 부처님을 볼 것인가?

일 체 중 회 광 대 해 　　　 불 재 기 중 최 위 요
一切衆會廣大海에 　　 **佛在其中最威耀**하사

보 우 법 우 윤 중 생 　　　 차 해 탈 문 명 칭 입
普雨法雨潤衆生하시니 **此解脫門名稱入**이로다

모든 대중 다 모인 넓고 큰 바다에서
부처님이 그중에서 가장 위엄 있고 빛나시어
법의 비를 널리 쏟아 중생들을 적시니
이 해탈문은 보관찰대명칭 천왕이 들어갔도다.

부처님은 형상도 아니요 소리도 아니면서, 모든 회상의 무량무변 보살 대중들이 모인 가운데서 가장 위엄이 있고 빛나신다고 하였다. 그뿐만 아니라 법의 비를 널리 쏟아 일체 중생들을 다 적신다. 부처님은 또한 어떤 특정한 형상이 아니며 어떤 법문의 소리도 아니기에 그와 같을 수 있다.

10. 석가인다라 천왕과 그 대중들의 득법과 게송

1) 득법

부 차 석 가 인 다 라 천 왕   득 억 념 삼 세 불 출 흥
復次釋迦因陀羅天王은 **得憶念三世佛出興**과

내지 찰 성 괴　　　개 명 견 대 환 희 해 탈 문
乃至刹成壞하야 **皆明見大歡喜解脫門**하니라

다시 또 석가인다라釋迦因陀羅 천왕은 과거 현재 미래의 부처님의 출현과 세계가 이뤄지고 무너지는 일을 다 기억해서 다 밝게 보아 크게 환희하는 해탈문을 얻었습니다.

석가인다라釋迦因陀羅는 제석천帝釋天이라고도 한다. 고대 인도 신화에서의 대표적인 신인 인드라가 불교에 수용된 것이다. 산스크리트로 '사크라대와남 인드라(Śakra-Devānam Indra)'라고 하며 석가제바인다라, 석가제바, 석가인다라, 석제환인 등으로 표기한다. 제천諸天 중의 천제天帝라는 의미로 천제석, 천주제석, 천제 등이라고도 한다. 석가세존이 석가족의 왕자 고타마 싯다르타로서 태어나기 이전의 수많은 생애에서도 그 수행을 지키고, 석가세존이 불타가 된 후에는 설법의 장면에 등장하는 등 석가세존과의 관계가 깊으며, 범천과 함께 불법 수호의 선신이 되어 있다.

그래서 "과거 현재 미래의 부처님의 출현과 세계가 이뤄지고 무너지는 일을 다 기억해서 다 밝게 보아 크게 환희한다."고 하였다.

보칭만음천왕 득능영불색신 최청정광대
普稱滿音天王은 得能令佛色身으로 最淸淨廣大하야 世無能比解脫門하니라

보칭만음普稱滿音 천왕은 부처님의 색신色身이 가장 청정하고 광대해서 세상에서 능히 비교할 수 없는 해탈문을 얻었습니다.

화엄경에서 부처님의 법신을 위주로 설명하지만 이와 같이 색신도 거론한다. 화엄경의 입장에서는 색신과 법신이 둘이 아니면서 경우에 따라 나눠 놓고 설명하기도 한다. 부처님의 육신을 말할 때 반드시 32상과 80종호로써 설명한다. 세상 사람들의 모습 중에서 가장 아름답고 덕스럽고 빼어난 상호를 가진 분이다.

자 목 보 계 천 왕 　　득 자 운 보 부 해 탈 문
慈目寶髻天王은 　**得慈雲普覆解脫門**하니라

자목보계慈目寶髻 천왕은 자비의 구름이 널리 덮는 해탈문을 얻었습니다.

불교가 세상을 향해서 구체적으로 할 일이란 자비의 구름을 널리 펴서 앓는 사람 부처님, 굶주린 사람 부처님, 추위에 떠는 사람 부처님 등등 여러 가지로 고통받는 사람 부처님을 보살피고 거두어 주는 일이다.

보 광 당 명 칭 천 왕 　　득 항 견 불 　　어 일 체 세 주
寶光幢名稱天王은 **得恒見佛**이 **於一切世主**
전 　현 종 종 형 상 위 덕 신 해 탈 문
前에 **現種種形相威德身解脫門**하니라

보광당명칭寶光幢名稱 천왕은 부처님이 모든 세간의 주인 앞에 갖가지 형상으로 위엄이 있고 덕이 있는 몸을 나타내는 것을 항상 보는 해탈문을 얻었습니다.

세주묘엄품에는 가지가지 세상의 주인들이 부처님 앞에 다 모여서 화엄경 법문을 듣는 것을 밝히고 있다. 그 세상의 주인은 참으로 품류도 가지가지며 형상도 가지가지다. 그런데 부처님을 보는 것도, 부처님이 자신들의 품류와 모습에 알맞은 형상으로 위엄이 있고 덕이 있는 몸을 나타내는 것으로 되어 있다. 현실에 있어서 부처님을 알고 불교를 아는 것도 사람 사람들이 각자의 수준에 따라 알고 본다는 사실이다. 결코 같을 수는 없다.

發生喜樂髻天王은 得知一切衆生의 城邑宮殿이 從何福業生解脫門하니라

발생희락계發生喜樂髻 천왕은 모든 중생의 성읍과 궁전이 무슨 복업으로부터 생겼는지를 아는 해탈문을 얻었습니다.

세상에는 사람들이 사는 지역과 나라와 지방들이 각각

다르며, 또한 아파트나 단독주택이나 시골의 외딴집 등등이 각각 다른데 그 모두가 각자의 인연과 복업을 따라 차별하다는 사실이다. 어떤 누구의 세력이 아니다. 다 자기가 지은 복업의 인연이므로 누구를 원망하거나 한탄할 일이 아니다.

        단정념천왕   득개시제불   성숙중생사해
端正念天王은 **得開示諸佛**의 **成熟衆生事解**
탈 문
脫門하니라

단정념端正念 천왕은 모든 부처님이 중생을 성숙하게 하는 일을 열어 보이는 해탈문을 얻었습니다.

부처님이 중생을 성숙하게 하는 일이 무엇일까. 진리의 가르침으로 어리석음을 제거하고 지혜의 눈을 뜨게 하는 일이다. 지혜의 눈만 뜨게 되면 사람들은 저절로 성숙하게 된다.

       고승음천왕   득지일체세간   성괴겁전변
高勝音天王은 **得知一切世間**의 **成壞劫轉變**

상 해 탈 문
相解脫門하니라

고승음高勝音 천왕은 모든 세간이 이뤄지고 무너지는 겁의 변화하는 모습을 아는 해탈문을 얻었습니다.

우리가 몸을 담고 사는 이 지구를 위시하여 모든 위성 세계들은 하나같이 성주괴공成住壞空하는 변화의 과정을 겪으면서 오늘에 이르고 있다. 우리들의 육신은 생로병사하고 사물은 생주이멸生住異滅한다. 이러한 만물 전변의 모습과 과정을 아는 것도 큰 깨달음이다.

성 취 염 천 왕　　　득 억 념 당 래 보 살　　조 복 중 생
成就念天王은 **得憶念當來菩薩**의 **調伏衆生**
행 해 탈 문
行解脫門하니라

성취염成就念 천왕은 미래의 보살이 중생을 조복하는 행을 모두 기억하는 해탈문을 얻었습니다.

성취염 천왕은 미래의 보살로서 수많은 중생들을 교화하고 조복하여 온 천하를 불국정토로 만들려는 서원이 있다. 그 서원을 기억한 것이다.

정화광천왕_{정 화 광 천 왕}은 得了知一切諸天_{득 요 지 일 체 제 천}의 快樂因解_{쾌 락 인 해}脫門_{탈 문}하니라

정화광淨華光 천왕은 일체 모든 하늘의 쾌락의 원인을 아는 해탈문을 얻었습니다.

천상세계란 비록 막연하지만 무한한 복락을 누리는 곳이다. 흔히 "천상의 낙을 누린다."라고 하는 표현이 그것이다. 어디에서 누리든 사람이 상상할 수 있는 최상의 즐거움을 천상의 낙이라고 할 수 있는데 그도 또한 원인이 있어서 돌아온 결과다.

지 일 안 천 왕   득 개 시 일 체 제 천 자   수 생 선
智日眼天王은 **得開示一切諸天子**의 **受生善**

근   비 무 치 혹 해 탈 문
根하야 **俾無癡惑解脫門**하니라

지일안智日眼 천왕은 모든 하늘의 천자들이 받아 나는 선근을 열어 보여서 어리석은 미혹이 없게 하는 해탈문을 얻었습니다.

하늘의 천자로 태어나는 것은 선근을 심은 결과다. 그와 같은 선근에는 어리석음의 미혹이 전혀 없다. 그것은 청복淸福이다. 그러나 세상에는 혼탁한 복도 많다. 그것을 탁복濁福이라 한다.

자 재 광 명 천 왕   득 개 오 일 체 제 천 중   영 영
自在光明天王은 **得開悟一切諸天衆**하야 **令永**

단 종 종 의 해 탈 문
斷種種疑解脫門하니라

자재광명自在光明 천왕은 모든 하늘 대중들을 개오開悟

시켜서 갖가지 의심을 길이 끊게 하는 해탈문을 얻었습니다.

　　세상에서의 삶이든 천상에서의 삶이든 불교의 이상적 삶의 목표는 진리를 깨닫는 데 있다. 진리, 즉 인생의 참다운 이치를 깨달아 일체 의혹을 영원히 끊고 맑고 밝고 향기롭게 사는 것이다.

2) 게송

爾時에 釋迦因陀羅天王이 承佛威力하사 普觀
一切三十三天衆하고 而說頌言하니라

　　그때에 석가인다라釋迦因陀羅 천왕이 부처님의 위신력을 받들어 삼십삼천의 모든 대중들을 두루 살피고 게송으로 말하였습니다.

| 아념삼세일체불 | 소유경계실평등 |
| **我念三世一切佛**의 | **所有境界悉平等**하시니 |

| 여기국토괴여성 | 이불위신개득견 |
| **如其國土壞與成**을 | **以佛威神皆得見**이로다 |

내가 생각하니 삼세 모든 부처님의

소유하신 경계가 다 평등하시니

그 국토가 무너지고 이룩되는 것을

부처님의 위신력으로 다 보도다.

   삼십삼천은 욕계 6천 중의 하나다. 수미산의 정상에 있는 하늘로 중앙에 제석천이 있고 정상에서 사방으로 각각 8명의 천신들이 있으므로 합해서 33천이 된다. 도리천이라고도 한다. 베다 신화에서 신들은 33인이 있다고 생각하였던 관념을 받아들인 것이라고도 한다.

   과거의 부처님이나 현재의 부처님이나 미래의 부처님이나 깨달음을 성취하신 분들은 그 경계가 모두 평등하다. 만약 평등하지 않다면 깨달음에 차별이 있다는 증거가 된다. 깨달음에 차별이 있다면 그것은 바른 깨달음, 즉 정각이 아니다. 그리고 국토가 성주괴공成住壞空하는 것을 보아 아는 것은 진실로 마음 부처님의 위신력이다.

불신광대변시방
佛身廣大徧十方하사
묘색무비이군생
妙色無比利群生하시며

광명조요미불급
光明照耀靡不及하시니
차도보칭능관견
此道普稱能觀見이로다

부처님의 몸은 광대하여 시방에 두루 하사
미묘한 색은 비할 데 없어 중생들을 이롭게 하시며
광명은 빛나서 미치지 않는 데가 없으시니
이 도道는 보칭만음 천왕이 능히 보았네.

  불신佛身은 아무리 생각하고 설명해도 그 끝이 없다. 너무나 광대하며 그 모습은 누구와도 비교할 수 없다. 그러면서 무수한 중생들을 이롭게 하고 환희롭게 한다. 그 광명은 밝게 비춰서 미치지 않는 데가 없다. 이 설명은 곧 불교의 가르침이 온 세계에 널리 퍼져서 인연이 있고 뜻이 있는 사람들의 마음에 진리의 등불을 밝히고 있음을 뜻하기도 한다.

| 여래방편대자해 | 왕겁수행극청정 |
如來方便大慈海여 **往劫修行極淸淨**하사

| 화도중생무유변 | 보계천왕사오요 |
化導衆生無有邊하시니 **寶髻天王斯悟了**로다

여래의 방편과 큰 자비의 바다는

지나간 겁의 수행으로 지극히 훌륭하시니

중생을 교화함이 끝이 없으시어

자목보계 천왕이 이것을 깨달았네.

여래는 언제나 중생을 교화하기 위하여 방편과 큰 자비를 베푸신다. 그와 같은 방편과 자비는 오랜 세월 동안의 수행으로 이뤄진 바다. 그렇다. 거부장자도 어느 날 하루아침에 거부가 되는 것이 아니다. 여래의 지혜와 자비도 하루아침에 된 것이 아니다. 수행자는 이 점을 명심하여 마음에 깊이 새겨야 하리라.

| 아념법왕공덕해 | 세중최상무여등 |
我念法王功德海가 **世中最上無與等**하야

발생 광대 환희 심 　　　　차 보 광 천 지 해 탈
發生廣大歡喜心하시니　**此寶光天之解脫**이로다

내가 생각하니 법왕의 공덕바다가
세상에서 가장 높아 같을 이 없어라.
넓고 큰 환희심을 내도록 하시니
이것은 보광당명칭 천왕의 해탈이로다.

법왕法王은 부처님을 이르는 말이다. 진리를 깨달으신 분 중에서 가장 위대하여 진리의 왕, 법의 왕이라 한다. 세상에서 아무리 공덕을 많이 쌓은 사람이 있다 하더라도 진리를 깨달아 진리를 전파하는 사람보다 더 많을 수는 없다. 누구와도 비교할 수 없다. 진리의 가르침에 의한 공덕바다는 일체 중생으로 하여금 광대한 환희심을 내게 한다. 생각해 보라. 얼마나 많은 사람들이 부처님의 가르침에서 기쁨을 느끼고 행복을 누리는가.

불 지 중 생 선 업 해 　　　　종 종 승 인 생 대 복
佛知衆生善業海에　**種種勝因生大福**하사

개 령 현 현 무 유 여
皆令顯現無有餘하시니 차 희 계 천 지 소 견
此喜髻天之所見이로다

부처님께서 중생들의 선업善業의 바다에서
가지가지 수승한 씨앗으로 큰 복을 냄을 아시고
남김없이 모두 다 나타나게 하시니
이것은 발생회락계 천왕의 본 바로다.

흔히 중생이라고 하면 죄업이 많고 박복하고 번뇌가 많은 존재라고 여겨서 비하하는 의미로 쓰이는 경우가 많다. 실은 중생에게는 바다와 같은 선업의 세계가 있고, 그 세계에서는 매우 수승한 갖가지 씨앗에서 큰 복이 생장하여 중생의 삶을 풍요롭고 아름답게 뒤덮는다. 생각해 보라. 우리들 중생의 삶 외에 달리 무엇이 있는가. 삼라만상과 천지만물을 보고 듣고 느끼고 알고 누리는 이 현실이 무량대복이 아니고 무엇인가.

제 불 출 현 어 시 방
諸佛出現於十方하사 보 변 일 체 세 간 중
普徧一切世間中하사

관 중 생 심 시 조 복　　　　정 념 천 왕 오 사 도
觀衆生心示調伏하시니　**正念天王悟斯道**로다

모든 부처님이 시방에 출현하여

널리 일체 세간에 두루 하사

중생들의 마음을 관찰하여 조복을 보이시니

단정념 천왕이 이 도를 깨달았네.

온 시방에 출현하여 일체 세간에 두루 한 것이 무엇일까. 시방세계 그 자체이고 일체 세간 그 자체다. 그것을 모든 부처님이라고 하였다. 그러므로 모든 부처님은 온 시방 일체 세간이며, 온 시방 일체 세간이 곧 모든 부처님이다. 따라서 온 시방 일체 세간은 곧 대방광불화엄경이며, 대방광불화엄경은 곧 온 시방 일체 세간이다. 그러므로 온 시방 일체 세간이 그대로 중생들의 마음을 관찰하여 조복을 보인다.

여 래 지 신 광 대 안　　　　세 계 미 진 무 불 견
如來智身廣大眼이여　**世界微塵無不見**이라

여 시 보 변 어 시 방　　　차 운 음 천 지 해 탈
如是普徧於十方하시니　**此雲音天之解脫**이로다

여래의 지혜의 몸과 광대한 눈은
세계의 작은 먼지까지 모두 다 보도다.
이와 같이 시방에 두루 하시니
이것은 고승음 천왕의 해탈이로다.

여래나 부처님이나 모두가 지혜의 몸이며 지혜의 눈이다. 그 지혜의 몸과 지혜의 눈은 무변하고 광대하여 세계를 작은 먼지로 만들었을 때 그 많은 먼지들을 다 보고 다 안다.

일 체 불 자 보 리 행　　　여 래 실 현 모 공 중
一切佛子菩提行을　**如來悉現毛孔中**하사대
여 기 무 량 개 구 족　　　차 염 천 왕 소 명 견
如其無量皆具足하시니　**此念天王所明見**이로다

모든 불자들의 보리의 행을
여래가 모공毛孔 속에 다 나타내어
그와 같이 한량없이 다 구족하시니

이것은 성취염 천왕이 밝게 보았네.

과학이 발달하고 전자를 이용한 기계들이 날로 발전하면서, 화엄경에서 말하는 작은 먼지 속에 시방세계가 다 들어 있다는 존재 원리에 대하여 더욱 확연히 알게 되었다. 예컨대 요즘 사람들이 많이 사용하는 스마트폰 하나만 하더라도 그렇다. 폰 하나 속에 온 세상의 정보가 다 들어 있어서 언제든지 무엇이나 찾아 활용할 수 있지 않는가. 자세히 살펴보고 깊이 생각해 보면 참으로 신기하기 이를 데 없는 원리다. 그러나 이러한 존재 원리를 화엄경에서는 벌써 이야기하였다. 다만 오늘날처럼 실용화해서 일상생활에 활용하지 못했을 뿐이다. "모든 불자들의 보리의 행을 여래가 모공毛孔 속에 다 나타낸다."는 말은 화엄경에서는 너무나 흔한 말이다.

세 간 소 유 안 락 사　　　일 체 개 유 불 출 생
世間所有安樂事어　　　**一切皆由佛出生**이라

여래공덕승무등　　　차해탈처화왕입
如來功德勝無等하시니　**此解脫處華王入**이로다

세간에 있는 안락한 일들

일체가 다 부처님을 말미암아 나옴이라

여래의 공덕 훌륭해서 같을 이 없으시니

이 해탈은 정화광 천왕이 들어갔도다.

 이 게송의 글을 부처님 대신에 마음이라는 말로 대체하면 딱 맞아 떨어진다. 세상에서 즐겁고 행복한 일이란 모두가 이 한 마음이 만들어 낸다. 이 한 마음의 공덕이란 수승하기가 이를 데 없다. 무량무변하며 헤아릴 수 없고 일컬을 수 없다. 우리들 이 한 마음 밖에 또 무슨 부처님이 있으랴.

약념여래소공덕　　　내지일념심전앙
若念如來少功德하야　**乃至一念心專仰**하면

제악도포실영제　　　지안어차능심오
諸惡道怖悉永除니　**智眼於此能深悟**로다

만약 여래의 아주 작은 공덕을 기억하여

잠깐 동안만이라도 마음에 우러러보면
모든 악도의 두려움이 다 제거되나니
지일안 천왕이 여기에 깊이 깨달았네.

마음 여래나 사람 여래나 그 내면의 공덕은 실로 무량무변하다. 그 가운데 아주 작은 한 가지만을 마음에 깊이 새겨 우러러보면 그 인연 그 공덕 그 작용으로 사람이 겪을 수 있는 모든 악도의 공포는 영원히 소멸되리라. 삶에 지치거나 어려운 문제에 봉착했을 때 만약 무수한 불법 가운데서 한 가지만을 기억하여 그것에 전념하여 명상하고 사색한다면 해결하지 못할 문제가 무엇이겠는가.

적멸법중대신통　　　보응군심미부주
寂滅法中大神通이여　　**普應群心靡不周**하사

소유의혹개영단　　　차광명왕지소득
所有疑惑皆令斷케하시니　**此光明王之所得**이로다

고요한 법[寂滅法] 가운데 큰 신통이여
중생들의 마음에 널리 응하여 두루 하사

모든 의혹을 다 끊게 하시니
이것은 자재광명 천왕이 얻은 바로다.

불교의 가르침에는 여러 종류가 있다. 그중에서 화엄경은 적멸한 법을 자주 거론한다. 열반경에서도 "제행은 무상하여 생멸하는 법이다. 생멸마저 소멸하고 나면 적멸이 즐거움이 된다."라고 하였다. 일체 존재는 적멸에서 출발하여 온갖 작용을 다 하다가 끝내는 적멸한 자리로 돌아가고 만다. 한 인간의 삶도 적멸한 자리에서 출발하여 1백여 년 동안 그 숱한 일을 하다가 결국에는 적멸한 자리로 돌아가지 않는가. 일체 만유가 또한 다 그렇다. 그러므로 그 적멸의 이치를 깨달으면 모든 의혹, 모든 문제가 다 해결된다.

11. 일천자와 그 대중들의 득법과 게송

1) 득법

부차 일천자   득정광보조시방중생   진미
復次日天子는 **得淨光普照十方衆生**하야 **盡未**

래겁상위이익해탈문
來劫常爲利益解脫門하니라

　다시 또 일천자日天子는 청정한 광명으로 시방의 중생들을 널리 비추어 미래의 겁이 다하도록 항상 이익을 주는 해탈문을 얻었습니다.

　온갖 세상의 주인들이 화엄회상에 다 동참하는데 일천자, 즉 저 하늘에 찬란하게 빛나고 있는 태양이 빠질 수 있겠는가. 큰 자리를 차지하여 환하게 장엄하고도 남을 세상의 진정한 주인이다. 태양은 천지만물과 일체 유정 무정들을 다 비춘다. 비추기만 하는 것이 아니라 그 천지만물에게 영원토록 크나큰 이익을 주고 있다. 그 이익을 어찌 글로 다 표현할 수 있으며, 말로 다 설명할 수 있겠는가. 산천초목과 천지만물이 다 스스로 아는 일이다. 또한 부처님의 지혜광명도 마치 저 태양과 같아서 사사로움 없이 일체 중생에게 다 비춘다. 그래서 청정한 광명이라 한다. 현실 생활에서는 빛과 같이 중요한 것이 없으며, 사람의 삶에는 지혜와 같이 중요한 것이 없다.

光焰眼天子는 得以一切隨類身으로 開悟衆生하야 令入智慧海解脫門하니라

광염안光焰眼 천자는 모든 종류의 중생을 따르는 몸으로 중생들을 깨우쳐서 지혜의 바다에 들어가게 하는 해탈문을 얻었습니다.

불교는 어떤 종류의 중생들을 가르치든지 지혜로써 깨우치고 자비심으로 다시 그 지혜를 널리 보급하도록 하는 것뿐이다.

수미광환희당천자　　득위일체중생주　　영
須彌光歡喜幢天子는 **得爲一切衆生主**하야 **令**

근수무변정공덕해탈문
勤修無邊淨功德解脫門하니라

수미광환희당須彌光歡喜幢 천자는 일체 중생의 주인을 위하여 그지없이 청정한 공덕을 부지런히 닦게 하는 해탈문을 얻었습니다.

보살이 세상에서 사업을 하여 돈을 버는 것은 그 돈으로 가난한 사람들을 위해 요긴하게 사용하자는 데 그 뜻이 있다. 사람들에게 청정한 공덕을 부지런히 닦게 하는 것은 그 또한 중생들을 이익하게 하고 행복하게 하고자 하는 것이다.

정보월천자　　득수일체고행　　심심환희해
淨寶月天子는 **得修一切苦行**호대 **深心歡喜解**

탈문
脫門하니라

정보월淨寶月 천자는 온갖 고행을 닦아 깊은 마음으로 환희하는 해탈문을 얻었습니다.

석가모니 부처님께서도 왕궁에서의 향락 생활을 떠나 출가한 후 6년간 고행을 닦았다. 바른 선정을 얻기까지 고행은 너무나 오래고 힘이 들었다. 그러나 깨달음을 성취하시고는 향락 생활도 바람직한 삶은 아니지만 고행도 또한 인생의 바른 길은 아니라고 말씀하시고 삶의 중도中道를 선언하셨다.

용맹불퇴전천자 득무애광보조   영일체
勇猛不退轉天子는 **得無礙光普照**하야 **令一切**

중생   익기정상해탈문
衆生으로 **益其精爽解脫門**하니라

용맹불퇴전勇猛不退轉 천자는 걸림이 없는 광명을 널리 비추어 모든 중생들로 하여금 그 정기[精爽]를 더하게 하는 해탈문을 얻었습니다.

본문에서 정상精爽이란 정령精靈의 뜻이다. 정령은 만물의 근원을 이룬다는 신령스러운 기운을 일컫는데 불성 진여의 걸림이 없는 광명은 실로 일체 중생의 신령스러운 기운을 더욱 활발하고 왕성하게 한다. 모든 살아 있는 생명들의 기운의 원천을 증익시킨다.

묘 화 영 광 명 천 자   득 정 광 보 조 중 생 신   영
妙華纓光明天子는 **得淨光普照衆生身**하야 **令**

생 환 희 신 해 해 해 탈 문
生歡喜信解海解脫門하니라

묘화영광명妙華纓光明 천자는 청정한 광명으로 중생의 몸을 널리 비추어 환희로운 신심과 이해를 내게 하는 해탈문을 얻었습니다.

청정한 지혜의 광명은 중생들의 세계에 비춰져서 무상심심미묘법을 믿고 이해하는 기쁨을 내게 한다. 청정한 지혜의 빛이 있어야 불법을 깊이 믿고 이해하게 되며, 불법을 깊이 믿고 이해하면 진정한 삶의 환희를 만끽하게 되리라.

최 승 당 광 명 천 자 　　득 광 명 보 조 일 체 세 간
最勝幢光明天子는 **得光明普照一切世間**하야

영 성 판 종 종 묘 공 덕 해 탈 문
令成辦種種妙功德解脫門하니라

　최승당광명最勝幢光明 천자는 광명이 모든 세간을 널리 비춰서 갖가지 묘한 공덕을 갖추게 하는 해탈문을 얻었습니다.

　화엄경에는 무수한 낱말이 있다. 그중에서 '광명'이라는 낱말이 가장 많은 것 같다. 그것은 불교가 지혜를 가르치는 종교며, 특히 화엄경은 지혜를 가르치는 경전이기 때문이다. 그래서 지혜를 상징하는 빛이나 광명이라는 낱말이 자연히 많은 것이다. 경전의 내용이 지혜의 광명으로 일체 세간을 환하게 비춰서 갖가지 묘한 공덕을 갖추게 하는데 참다운 공덕은 반드시 지혜를 갖췄을 때 가능한 일이다.

보 계 보 광 명 천 자　　 득 대 비 해　　현 무 변 경 계
寶髻普光明天子는 **得大悲海**로 **現無邊境界**

종종색상보해탈문
種種色相寶解脫門하니라

보계보광명寶髻普光明 천자는 큰 자비의 바다로 그지없는 경계의 갖가지 색상의 보배를 나타내는 해탈문을 얻었습니다.

지혜가 갖춰지면 큰 자비가 따른다. 그 큰 자비는 마치 바다와 같이 넓다. 바다와 같이 넓은 자비로 무한히 넓은 경계에 펼쳐져 있는 갖가지 색상의 보물을 나타낸다. 지혜와 자비가 없으면 세상이 그대로 보물 창고라는 사실을 알 수가 없다.

광명안천자 득정치일체중생안 영견법계장해탈문
光明眼天子는 **得淨治一切衆生眼**하야 **令見法界藏解脫門**하니라

광명안光明眼 천자는 모든 중생의 눈을 깨끗하게 다스려서 법계장法界藏을 보게 하는 해탈문을 얻었습니다.

법계장이란 일체의 사실과 현상이 곧 여래의 자성인 것을 뜻한다. 여래장 중의 하나다. 이러한 법계장을 보고 이해하려면 청정한 눈을 가져야 한다. 법계장을 볼 수 있는 청정한 눈이란 곧 깨달음에 의한 지혜의 눈이다.

지덕천자 득발생청정상속심 영불실괴
持德天子는 **得發生淸淨相續心**하야 **令不失壞**
해탈문
解脫門하니라

지덕持德 천자는 청정하게 상속하는 마음을 내어 무너지지 않게 하는 해탈문을 얻었습니다.

청정한 마음을 내기란 크게 어려운 일은 아니지만 그 마음을 오랫동안 상속하기는 어렵다. 불교에는 "말뚝신심"이라는 말이 있다. 한동안 청정한 신심이 불뚝 일어났다가 잠깐 사이에 사라져 버리는 경우를 두고 하는 말이다. 청정한 신심이 나서 무너지지 아니하고 오랫동안 지속한다면 이루지 못할 일이 없을 것이다.

보운행광명천자　　　　득보운일궁전　　　조시방
普運行光明天子는 得普運日宮殿하야 照十方

일체중생　　　영성취소작업해탈문
一切衆生하야 令成就所作業解脫門하니라

　보운행광명普運行光明 천자는 태양의 궁전을 널리 운전해서 시방의 모든 중생들을 비추어 짓는 업을 성취케 하는 해탈문을 얻었습니다.

　태양은 아침에 떠서 저녁에 진다. 이와 같이 옛 사람들은 태양이 움직이면서 운행하여 뜨고 지는 것으로 알았다. 태양이 움직이든 지구가 움직이든 하루 동안 태양은 지구상에 있는 시방의 중생들을 골고루 다 비추면서 하루의 할 일을 다 할 수 있게 한다. 지금 우리가 알고 있는 사실을 그대로 설명하고 있다.

2) 게송

이시　　일천자　　승불위력　　　보관일체일천
爾時에 日天子가 承佛威力하사 普觀一切日天

자 중　　　이 설 송 언
子衆하고 **而說頌言**하니라

그때에 일천자日天子가 부처님의 위신력을 받들어 모든 일천자 대중들을 두루 살피고 게송으로 말하였습니다.

여래 광대 지혜 광　　　　보 조 시 방 제 국 토
如來廣大智慧光이　　　**普照十方諸國土**하시니

일 체 중 생 함 견 불　　　종 종 조 복 다 방 편
一切衆生咸見佛의　　　**種種調伏多方便**이로다

여래의 광대한 지혜의 빛이
시방의 모든 국토를 널리 비추어
일체 중생들이 부처님의
갖가지 조복하는 방편들을 다 보도다.

여래의 광대한 지혜의 빛이 시방의 모든 국토를 널리 비추고 있다. 그 빛으로 인하여 중생들은 다시 부처님이 중생들을 조복하는 수많은 방편을 다 보게 된다.

여래색상무유변	수기소락실현신
如來色相無有邊이라	隨其所樂悉現身하사
보위세간개지해	염안여시관어불
普爲世間開智海하시니	焰眼如是觀於佛이로다

여래의 모습은 끝이 없어서
즐기는 바를 따라서 몸을 나타내어
널리 세간을 위하여 지혜의 바다를 펼치시니
광염안 천자가 이와 같이 부처님을 보았네.

마음 여래는 그 끝이 없다. 사람들 마음대로 그 몸을 나타낸다. 마음 여래가 세간 사람들을 위하여 온갖 지혜의 바다를 펼쳐 보이신다.

불신무등무유비	광명조요변시방
佛身無等無有比라	光明照耀徧十方하사
초과일체최무상	여시법문환희득
超過一切最無上하시니	如是法門歡喜得이로다

부처님의 몸은 같은 이도 없고 비할 데도 없어

광명이 밝게 비춰 시방에 두루 하사
모든 것을 뛰어넘어 가장 높으시니
이러한 법문은 수미광환회당 천자가 얻었네.

화엄경의 대지大旨를 '통만법 명일심統萬法 明一心'이라 한다. 즉 우주만유를 다 합쳐서 한 마음을 밝힌 가르침이라는 뜻이다. 그러므로 화엄경은 무엇을 설명하더라도 일심에서 벗어나지 않는다. 또한 일체가 오직 이 한 마음으로 만들어졌다[一切唯心造]고도 한다. 부처님이나 여래나 화엄성중이나 보살이나 법성이나 우주만유나 실은 모두가 이 우리들의 한 마음에서 벗어나지 않는다. 다만 경우에 따라서 알맞은 이름을 찾아 활용할 뿐이다. 누구와도 비교할 수 없는 밝은 광명이 시방세계를 두루 비춘다는 것도 역시 사람의 한 마음을 떠나서는 존재할 수 없으므로 곧 한 마음의 공능과 작용을 설명한 말이다.

위 리 세 간 수 고 행
爲利世間修苦行하사
왕 래 제 유 무 량 겁
往來諸有無量劫이로대

광명변정여허공　　　　보월능지차방편
光明徧淨如虛空하시니　**寶月能知此方便**이로다

세간을 이익하게 하려고 고행을 닦으사
모든 갈래에 왕래한 것이 한량없는 겁이로다.
광명이 두루 맑아 허공과 같으시니
정보월 천자가 이 방편을 알았도다.

　석가모니 부처님은 생로병사의 고통에서 벗어나려고 왕궁을 버리고 출가하여 6년간 고행을 하셨다. 이것은 먼저 자신의 세속적 삶에서 벗어나기 위함이지만 크게 보면 일체중생을 이익하게 하려는 것이 목적이었다. 출가한 뒤 바른 진리를 깨닫기 위해서 수많은 스승들을 찾아서 가지가지 고행을 배우고 익혔다. 이 내용을 "모든 갈래에 왕래한 것이 한량없는 겁이로다."라고 표현하였다. 그냥 숫자로는 6년이지만 자신에게는 참으로 길고 긴 세월이었다. 마침내 보리수 아래에서 정각을 성취하여 깨닫고 나니 광명이 두루 맑아 허공과 같았다.

불 연 묘 음 무 장 애   보 변 시 방 제 국 토
佛演妙音無障礙여   **普徧十方諸國土**하사

이 법 자 미 익 군 생   용 맹 능 지 차 방 편
以法滋味益群生하시니   **勇猛能知此方便**이로다

부처님이 묘음을 연설하사 장애가 없음이여

널리 시방의 여러 국토에 두루 하사

법의 자미滋味로써 중생들을 이익케 하시니

용맹불퇴전 천자가 이 방편을 알았네.

  부처님이 정각을 이루고 나서 자신이 깨달은 진리의 내용을 아름답고 심원한 목소리로 설법하셨다. 그것이 팔만대장경이다. 그중에서 제일가는 가르침은 당연히 화엄경이다. 2천6백여 년 동안 참으로 넓은 국토와 많은 사람들에게 전하여졌다. 진리의 가르침은 의식주도 아니고 오욕락도 아니지만 그 법의 맛이란 무엇과도 비교될 수 없는 청정하고 수승한 신심의 기쁨이다. 그래서 청량스님은 화엄경을 만나고는 숨이 막히도록 기꺼워한 나머지 "내 목숨 바쳐 그 죽을 곳을 얻었다."라고 하시고 102세로 열반에 드실 때까지 오로지 화엄경을 공부하고 화엄경을 전파하며 일생을 사셨다.

방광명망부사 의	보정일체제함식
放光明網不思議어	**普淨一切諸含識**하사
실사발생심신해	차화영천소입문
悉使發生深信解케하시니	**此華纓天所入門**이로다

불가사의한 광명의 그물을 놓아

널리 일체 모든 중생들을 청정하게 하사

모두 다 깊은 믿음과 이해를 내게 하시니

이것은 묘화영광명 천자가 들어간 문이로다.

진리의 지혜 광명으로 일체 중생들을 가르쳐서 지혜롭고 자비롭게 교화하였다. 지혜와 자비로 충만한 마음에 불법에 대한 깊은 믿음과 이해가 이른 봄에 만물이 싹을 틔우듯이 발생하는 정경이다.

세간소유제광명	불급불일모공광
世間所有諸光明이	**不及佛一毛孔光**이라
불광여시부사의	차승당광지해탈
佛光如是不思議어	**此勝幢光之解脫**이로다

세간에 있는 모든 광명이
부처님의 한 모공毛孔 광명에 미치지 못해
부처님의 광명 이처럼 부사의함이여
이것은 최승당광명 천자의 해탈이로다.

태양 광명이 아무리 밝다 한들 사람의 마음 부처님의 광명에 미칠 수 있으랴. 그 광명은 마치 1천 개의 태양이 한꺼번에 뜬 것보다도 더 밝다. 그러므로 "세간에 있는 모든 광명이 부처님의 한 모공毛孔 광명에 미치지 못한다."라고 하신 것이다. 그 광명, 생각할수록 참으로 미묘하고 불가사의하도다.

일 체 제 불 법 여 시
一切諸佛法如是여

실 좌 보 리 수 왕 하
悉坐菩提樹王下하사

영 비 도 자 주 어 도
令非道者住於道케하시니

보 계 광 명 여 시 견
寶髻光明如是見이로다

일체 모든 부처님의 법이 이와 같음이여
모두 다 보리수나무 아래에 앉으사

불도에 이르지 못한 자를 불도에 머물게 하시니
보계보광명 천자가 이와 같이 보았네.

모든 부처님은 보리수나무 밑에서 정각을 성취한다. 과거 부처님이나 현재 부처님이나 미래 부처님이나 모두가 같은 길을 가신다. 그리고 불도에 이르지 못한 사람을 불도에 머물게 하는 중생 교화의 사업도 또한 모두 같다. 이것이 모든 깨달은 사람들의 한결같은 길이다.

중생맹암우치고
衆生盲闇愚癡苦여

불욕영기생정안
佛欲令其生淨眼이라

시고위연지혜등
是故爲燃智慧燈하시니

선목어차심관찰
善目於此深觀察이로다

중생들이 눈멀고 어리석어 고통을 받으므로
부처님이 그들에게 깨끗한 눈이 생기게 함이라.
그러므로 중생 위해서 지혜의 등불을 밝히시니
광명안[善目] 천자가 여기에서 깊이 관찰하였네.

사람들이 고통과 문제에 허덕이는 것은 표면적인 이유야 여러 가지가 있겠지만 근본 원인은 어리석음이다. 그래서 화엄경에서는 끊임없이 지혜의 등불을 밝히는 가르침을 강조한다. 어디 화엄경뿐이겠는가. 불교의 모든 가르침이 지혜의 가르침이다.

해 탈 방 편 자 재 존
解脫方便自在尊을

약 유 증 견 일 공 양
若有曾見一供養이라도

실 사 수 행 지 어 과
悉使修行至於果케하시니

차 시 덕 천 방 편 력
此是德天方便力이로다

해탈과 방편이 자재하신 분을
만약 한 번만 뵈옵고 공양 올려도
모든 수행이 불과佛果에 이르게 하시니
이것은 지덕 천자의 방편의 힘이로다.

정각을 이루신 분의 덕화는 자신의 해탈과 중생을 해탈케 하는 방편이 자재한 점이다. 이와 같은 분을, 얼굴을 보거나 형상만을 보는 것이 아니라 그가 쌓은 해탈과 방편의 덕화를 깊이 보고 마음으로 받아들이게 되면, 한 번만으로도 그 수행이 불과佛果에 이르게 된다. 처음 발심한 때에 곧 정각을 이루는 도리가 여기에 있다.

일법문중무량문
一法門中無量門을

무량천겁여시설
無量千劫如是說하시니

소연법문광대의
所演法門廣大義여

보운광천지소요
普運光天之所了로다

한 법문 가운데 한량없는 법문을
한량없는 겁 동안 이와 같이 설하시니
연설하신 법문의 넓고 큰 뜻을
보운행광명 천자가 깨달은 바로다.

불교에는 무수한 종류의 법문이 있다. 때로는 한 가지 법문이 많은 법문이 되기도 하고, 많은 법문이 한 가지 법문이 되기도 한다. 마음이나, 공空이나, 중도나, 연기나, 인연이나, 법성이나, 방이나, 할이나, 구지선사의 손가락 하나나, 법화경의 "나무불"이라는 한마디나, 꽃 한 송이나, 손 한 번

드는 것이나, 임제선사의 세 번 묻고 세 번 얻어맞은 것이나, "황벽불법이 간단하구나."나, 세존이 꽃 한 송이를 든 것이나, 이 모든 법문은 한 법문에 한량없는 법문을 포함하고 있다. 이와 같은 법문을 무량 천 겁 동안 설하고 있다. 구지선사가 손가락 하나 세우는 것으로 평생을 써먹은 것처럼.

화엄경 법문을 흔히 십십법문++法門이라고 표현하기도 한다. 한 세주가 나오면 같은 부중이 꼭 열 명씩 등장하여 법을 설하기 때문이다. 여기서는 열한 명이 등장하였다. 그 열이라는 숫자가 만수滿數를 표하고, 만수는 화엄경의 견해로 모든 존재를 지금 이대로 원만 무결하다고 보는 의미이기 때문이다. 임제선사가 말씀하였다. "지금 이렇게 보고 듣고 알고 느끼고 작용하는 가운데 부족한 것이 무엇인가[欠少甚麼]."

12. 월천자와 그 대중들의 득법과 게송

1) 득법

부차 월천자_는 득정광_{으로} 보조법계_{하야} 섭화
復次月天子는 **得淨光**으로 **普照法界**하야 **攝化**

중생해탈문
衆生解脫門하니라

다시 또 월천자月天子는 청정한 광명으로 법계를 널리 비추어 중생들을 거두어 교화하는 해탈문을 얻었습니다.

월천자가 무엇인가. 앞에서 일천자日天子인 해가 나왔으니 반드시 달이 나올 순서다. 사람이 살아가는 데 달이 차지하는 역할은 얼마인가. 그리고 얼마나 운치가 있는가. 자고로 시인 묵객이 달을 노래하고 달을 그림으로 표현한 것은 또 얼마나 많은가. 그래서 "청정한 광명으로 법계를 널리 비추어 중생들을 거두어 교화한다."고 하였다.

화 왕 계 광 명 천 자   득 관 찰 일 체 중 생 계   영
華王髻光明天子는 **得觀察一切衆生界**하야 **令**

보 입 무 변 법 해 탈 문
普入無邊法解脫門하니라

화왕계광명華王髻光明 천자는 모든 중생계를 관찰해서 끝없는 법에 두루 들어가게 하는 해탈문을 얻었습니다.

보살은 언제나 일체 중생을 지키고 보호하고 관찰하여 교화하는 것이 일이다. 그래서 모두모두 끝없는 법의 경계에 들어가게 한다.

중 묘 정 광 천 자   득 요 지 일 체 중 생 심 해   종
衆妙淨光天子는 **得了知一切衆生心海**의 **種**

종 반 연 전 해 탈 문
種攀緣轉解脫門하니라

중묘정광衆妙淨光 천자는 모든 중생들의 마음바다가 가지가지 반연으로 달라짐을 아는 해탈문을 얻었습니다.

사람들의 마음은 바다와 같이 넓고 그 바다에서 일어나는 물결의 수와 모습은 끝이 없다. 그 작용은 쉴 새 없이 경계에 반연한다. 마치 파리가 곳곳에 가서 붙는 것과 같다. 심지어 임금님의 밥상 위에도 올라간다. 그러나 파리가 불꽃 위에는 붙지 못하듯이 중생의 마음도 모든 것을 다 반연하지만 절대무심의 경지에는 반연하지 못한다.

안락세간심천자_{安樂世間心天子}는 득여일체중생불가사의
安樂世間心天子는 **得與一切衆生不可思議**
락　　영용약대환희해탈문
樂하야 **令踊躍大歡喜解脫門**하니라

안락세간심安樂世間心 천자는 모든 중생들에게 불가사의한 즐거움을 주어서 뛸 듯이 크게 기뻐하는 해탈문을 얻었습니다.

불가사의한 즐거움이란 무엇일까. 무엇이기에 그토록 뛸 듯이 기뻐하는가. 자각自覺과 각타覺他와 각행원만覺行圓滿이리라.

수 왕 안 광 명 천 자   득 여 전 가   작 업   종 아 경
樹王眼光明天子는 **得如田家**가 **作業**에 **種芽莖**

등   수 시 수 호   영 성 취 해 탈 문
等을 **隨時守護**하야 **令成就解脫門**하니라

수왕안광명樹王眼光明 천자는 예컨대 농부가 농사를 지음에 종자와 싹과 줄기들을 때를 따라 지키고 보호해서 성취케 하는 해탈문을 얻었습니다.

청량소淸凉疎에 "보리심은 농부가 되고, 자리와 이타는 농사를 짓는 일이며, 몸과 입은 소가 되고, 날카로운 지혜로 쟁기를 삼아 마음밭을 경작하며, 아랫사람에게 묻는 것은 종자를 윤택하게 하는 것으로서 신해信解의 싹을 트게 하여, 정행正行의 줄기가 자라서 깨달음의 꽃을 피워 보리의 열매를 거둔다."[15]라고 하였다.

---

15) 謂以菩提心爲家. 二利爲作業. 並以身口爲牛. 利智爲犂. 耕於心地. 下聞熏種. 生信解芽. 起正行莖. 開諸覺華. 獲菩提果.

출현정광천자　　득자비구호일체중생　　영
出現淨光天子는 **得慈悲救護一切衆生**하야 **令**

현견수고수락사해탈문
現見受苦受樂事解脫門하니라

출현정광出現淨光 천자는 자비로써 모든 중생들을 구호해서 고苦를 받고 낙樂을 받는 일을 환히 보게 하는 해탈문을 얻었습니다.

중생들의 삶이란 고통이 아니면 즐거움이다. 사수捨受라 하여 고도 낙도 아닌 경우도 있지만 그것은 전혀 자극이 없기 때문에 큰 문제가 되지 않는다. 보살은 중생이 고를 받는지 낙을 받는지 자비로써 구호하고 살펴야 한다.

보유부동광천자　　득능지청정월　　보현시
普遊不動光天子는 **得能持淸淨月**하야 **普現十**

방해탈문
方解脫門하니라

보유부동광普遊不動光 천자는 청정한 달을 가지고 시방

에 널리 나타내는 해탈문을 얻었습니다.

부처님의 지혜는 큰 자비의 달을 지닌다. 그 달빛으로 정각을 밝게 보게 한다. 정각을 밝게 보아 고통을 여의어 청량하게 한다.

성수왕자재천자_는 得開示一切法_의 如幻如虛空_{하야} 無相無自性解脫門_{하니라}

성수왕자재星宿王自在 천자는 모든 법이 환술과 같고 허공과 같아서 형상도 없고 자성도 없음을 열어 보이는 해탈문을 얻었습니다.

일체 존재는 눈앞에 확연하게 있지만 그 실체는 실은 "환술과 같고 허공과 같아서 형상도 없고 자성도 없다."

정각월천자　　　득보위일체중생　　　기대업용
淨覺月天子는 **得普爲一切衆生**하야 **起大業用**
해탈문
解脫門하니라

정각월淨覺月 천자는 일체 중생을 위해서 널리 큰 업의 작용을 일으키는 해탈문을 얻었습니다.

보살은 일체 중생을 위해서 어떤 큰 업의 작용을 일으키겠는가. 정행품에 이렇게 말하였다. "만약 발을 씻을 때에는 마땅히 중생이 신통한 힘을 구족해서 행하는 데에 걸림이 없기를 원할지어다. 잠자고 쉴 때에는 마땅히 중생이 몸이 편안함을 얻어서 마음에 움직이고 어지러움 없기를 원할지어다. 잠자다가 막 깨었을 때에는 마땅히 중생이 모든 지혜를 깨달아서 시방을 두루 살피기를 원할지어다."

이와 같이 보살은 자나 깨나 앉으나 서나 가나 오나 오직 중생들을 교화하여 안락하게 하려는 것이 큰 업의 작용을 일으키는 일이다.

대위덕광명천자　 득보단일체의혹해탈문
大威德光明天子는 **得普斷一切疑惑解脫門**하니라

대위덕광명大威德光明 천자는 모든 의혹을 널리 끊어 버리는 해탈문을 얻었습니다.

수행의 바른 길은 모든 의혹을 끊어 버리고 믿음과 이해를 굳건히 하는 것이다. 만약 신심에 의혹이 생기면 기초가 없는 건물과 같아서 언제 무너질지 모른다. 의혹은 마치 연못을 막은 둑에 작은 구멍이 생겨서 물이 새어 나오는 경우와 같다. 얼마나 위험천만한 일인가.

2) 게송

이시　 월천자　 승불위력　　보관일체월궁
爾時에 **月天子**가 **承佛威力**하사 **普觀一切月宮**
전중제천중회　　이설송언
殿中諸天衆會하고 **而說頌言**하니라

그때에 월천자가 부처님의 위신력을 받들어 모든 월

궁전의 여러 하늘 대중의 모임을 두루 살피고 게송으로 말하였습니다.

佛放光明徧世間_{하사} 照耀十方諸國土_{하시며}
演不思議廣大法_{하사} 永破衆生癡惑暗_{이로다}

부처님이 광명을 놓아 세간에 두루 하사
시방의 모든 국토를 밝게 비추시며
불가사의하고 광대한 법을 연설하사
중생의 어리석음과 미혹을 영원히 깨뜨리시네.

불교의 근본을 밝힌 게송이다. 부처님과 부처님의 가르침이 시방 모든 국토에 널리 전파되어 일체 중생들이 무상심심미묘법을 듣고 깨달아 미혹의 어둠을 영원히 깨뜨리게 하려는 것이 불교의 목적이다. 그러므로 모든 불자는 이러한 불교의 근본에 충실하고 수행자는 수행자의 본분에 충실해서 만 중생이 지혜롭게 살도록 해야 할 것이다.

경계무변무유진   어무량겁상개도
境界無邊無有盡일새   **於無量劫常開導**하사대

종종자재화군생   화계여시관어불
種種自在化群生하시니   **華髻如是觀於佛**이로다

경계는 끝도 없고 다함도 없어
한량없는 겁 동안 항상 열어 인도하사
갖가지로 자재하게 중생을 교화하시니
화왕계광명 천자가 이와 같이 부처님을 보도다.

마음의 경계는 무한하고 정각의 경계도 역시 무한하다. 그 무한한 경계를 또한 한량없는 겁 동안 항상 열어서 인도하여 가지가지로 자재하게 중생들을 교화한다.

중생심해염념수   불지관광실요지
衆生心海念念殊를   **佛智寬廣悉了知**하사

보위설법영환희   차묘광명지해탈
普爲說法令歡喜케하시니   **此妙光明之解脫**이로다

중생의 마음바다가 생각 생각에 달라짐을

부처님의 지혜는 넓고 넓어 다 아는지라
널리 법을 설하여 환희케 하시니
이것은 중묘정광 천자의 해탈이로다.

사람들의 마음은 실로 불가사의한지라 조석지변이니 작심삼일이니 찰나변멸이니 하는 표현들이 있다. 변덕과 변화를 거듭하면서 살아가는 것이 사람들의 삶이다. 부처님의 지혜는 넓고 또 넓어서 그와 같은 사실을 다 아시고 그러한 변화에 맞춰서 법을 설하시어 모든 사람들을 환희케 하신다.

중생무유성안락 침미악도수제고
衆生無有聖安樂하야 **沈迷惡道受諸苦**어늘

여래시피법성문 안락사유여시견
如來示彼法性門하시니 **安樂思惟如是見**이로다

중생들은 성스러운 안락이 없어서
악도에 침몰해서 온갖 고통을 받거늘
여래가 저들에게 법성法性의 문을 보이시니
안락세간심 천자가 사유하여 이렇게 보았도다.

그렇다. 중생들은 청정수와 같은 성스러운 안락은 없고 마치 설탕물 같은 문제를 많이 내포한 순간적이고 자극적인 안락만을 추구한다. 그래서 결과적으로는 악도에 침몰해서 갖가지 고통을 받으며 살아간다. 여래께서는 그러한 사실들을 잘 아시기에 법성은 원융해서 두 가지 차별적 문제가 없고 적멸한 이치를 설법하신다.

여래희유대자비
如來希有大慈悲여

위리중생입제유
爲利衆生入諸有하사

설법권선영성취
說法勸善令成就케하시니

차목광천소요지
此目光天所了知로다

여래의 희유하신 대자비시여
중생을 이익케 하려고 모든 갈래에 들어가서
불법을 설하고 선행을 권하여 성취케 하시니
이것은 수왕안광명[目光] 천자가 알았네.

여래는 자비다. 불교도 역시 자비다. 큰 자비로 중생들을 이익하게 하려는 것이 불교의 목적이다. 모든 갈래[諸有]란 지옥, 아귀, 축생, 인도, 천도, 아수라 등등 생명체가 살아가는 모든 유정들을 일컫는 말이다. 그 모든 생명들에게 진리의 가르침을 설하고 선행을 하도록 권장하고 또 실천하도록 하는 것이 불교가 하는 일이다. 사찰에서 배포하는 '권선문'이란 곧 그와 같은 뜻을 갖고 있다.

     세존개천법광명   분별세간제업성
     世尊開闡法光明하사   **分別世間諸業性**인

     선악소행무실괴   정광견차생환희
     善惡所行無失壞하시니 **淨光見此生歡喜**로다

세존이 법의 광명을 열어
세간의 모든 업의 성품인
선악의 행한 바가 무너지지 않음을 분별하시니
출현정광 천자가 이것을 보고 환희심을 내도다.

'선인선과 악인악과善因善果 惡因惡果'라는 말이 있다. 사람이 선행을 하면 선한 결과를 가져오고, 악한 행위를 하면 악의 결과를 가져온다. 이것은 인과의 철칙이다. 즉 콩을 심은 데는 콩이 나고, 팥을 심은 데는 팥이 나는 이치다. 그러므로 복을 누리려면 복을 빌 것이 아니라 복을 지어야 한다. 그럼에도 복을 빌 줄은 알면서 지을 줄은 모른다.

불 위 일 체 복 소 의   비 여 대 지 지 궁 실
佛爲一切福所依가   **譬如大地持宮室**하야

교 시 이 우 안 은 도   부 동 능 지 차 방 편
巧示離憂安隱道하시니   **不動能知此方便**이로다

부처님은 모든 복의 의지할 바라
마치 대지가 궁전을 유지함과 같아서
근심 없는 안온한 길을 잘 보이시니
보유부동광 천자가 능히 이 방편을 알았네.

"부처님은 모든 복의 의지할 바다."라는 것은 부처님의 가르침을 통해서 복을 짓고 복을 받는 이치와 방법을 바르게 알게 된다는 뜻이다. 그러므로 부처님까지 "복에 의지할 바다."라고 표현한 것이다.

지화대명주법계　　　　현형무수등중생
智火大明周法界하며　　**現形無數等衆生**하사

보위일체개진실　　　　성수천왕오사도
普爲一切開眞實하시니　**星宿天王悟斯道**로다

지혜의 불이 크게 밝아 법계에 두루 하며
수없이 형상을 나타내어 중생과 같게 하사
일체 중생에게 널리 진실을 열어 보이시니
성수왕자재 천자가 이 도를 깨달았네.

불교는 지혜의 가르침이다. 지혜의 가르침이 온 우주에 두루 하여 모든 존재의 존재 원리를 낱낱이 감지한다. 그래서 존재 원리의 진실을 환하게 열어 보인다. 이것이 불교가 하는 일이다.

불여허공무자성　　　　위리중생현세간
佛如虛空無自性이로대　**爲利衆生現世間**하시니

상호장엄여영상　　　　정각천왕여시견
相好莊嚴如影像이라　　**淨覺天王如是見**이로다

부처님은 허공과 같아서 자성이 없으나
중생을 이롭게 하기 위해 세간에 나타나시니
상호와 장엄이 영상과 같음이라.
정각월 천자가 이와 같이 보았네.

모든 사람들이 '부처님, 부처님' 하지만 실은 부처님은 허공과 같아서 어떤 특정한 실체가 없다. 실체가 없는 상태에서 다만 중생을 교화하기 위하여 방편으로 세간에 출현하셨기 때문에 그 출현하신 32상이나 80종호나 8상성도나 그 외의 갖가지 장엄은 모두가 그림자와 같은 것이다. 그림자는 있는 듯하나 실체는 없다. 부처님을 그렇게 알아야 바르게 아는 것이다.

불 신 모 공 보 연 음
佛身毛孔普演音이여

법 운 부 세 실 무 여
法雲覆世悉無餘라

청 문 막 불 생 환 희
聽聞莫不生歡喜하니

여 시 해 탈 광 천 오
如是解脫光天悟로다

부처님의 모공毛孔에서 소리를 냄이여

법의 구름이 세상을 남김없이 다 덮어서
듣는 이마다 환희를 내지 않는 이가 없으니
이러한 해탈은 대위덕광명 천자가 깨달았도다.

8만4천 법문이 문문마다 다 깨달아 들어갈 수 있는 법을 설하였다. 실로 불교의 가르침은 시대와 민족과 국가와 남녀노소를 가리지 않고 남김없이 다 깨우치는 진리의 말씀이다. 그러므로 누구를 막론하고 귀 기울이고 마음 모아 듣기만 하면 눈이 열리고 마음이 밝아진다. 진리에 마음이 밝아지면 그 기쁨 그 환희는 세상의 그 무엇으로도 대신할 수 없다.

〈제2권 끝〉

華嚴經 構成表

分次	周次			內容	品數	會次
擧果勸樂生信分 (信)	所信因果周			如來依正	世主妙嚴品 第一 如來現相品 第二 普賢三昧品 第三 世界成就品 第四 華藏世界品 第五 毘盧遮那品 第六	初會
修因契果生解分 (解)	差別因果周	差別因		十信	如來名號品 第七 四聖諦品 第八 光明覺品 第九 菩薩問明品 第十 淨行品 第十一 賢首品 第十二	二會
				十住	昇須彌山頂品 第十三 須彌頂上偈讚品 第十四 十住品 第十五 梵行品 第十六 初發心功德品 第十七 明法品 第十八	三會
				十行	昇夜摩天宮品 第十九 夜摩天宮偈讚品 第二十 十行品 第二十一 十無盡藏品 第二十二	四會
				十廻向	昇兜率天宮品 第二十三 兜率宮中偈讚品 第二十四 十廻向品 第二十五	五會
				十地	十地品 第二十六	六會
				等覺	十定品 第二十七 十通品 第二十八 十忍品 第二十九 阿僧祇品 第三十 如來壽量品 第三十一 菩薩住處品 第三十二	七會
		差別果		妙覺	佛不思議法品 第三十三 如來十身相海品 第三十四 如來隨好光明功德品 第三十五	
	平等因果周	平等因			普賢行品 第三十六	
		平等果			如來出現品 第三十七	
托法進修成行分 (行)	成行因果周			二千行門	離世間品 第三十八	八會
依人證入成德分 (證)	證入因果周			證果法門	入法界品 第三十九	九會

(資料：文殊經典研究會)

會場	放光別	會主	入定別	說法別舉
菩提場	遮那放齒光眉間光	普賢菩薩為會主	入毘盧藏身三昧	如來依正法
普光明殿	世尊放兩足輪光	文殊菩薩為會主	此會不入定．信未入位故	十信法
忉利天宮	世尊放兩足指光	法慧菩薩為會主	入無量方便三昧	十住法門
夜摩天宮	如來放兩足趺光	功德林菩薩為會主	入菩薩善思惟三昧	十行法門
兜率天宮	如來放兩膝輪光	金剛幢菩薩為會主	入菩薩智光三昧	十廻向法門
他化天宮	如來放眉間毫相光	金剛藏菩薩為會主	入菩薩大智慧光明三昧	十地法門
再會普光明殿	如來放眉間口光	如來為會主	入剎那際三昧	等妙覺法門
三會普光明殿	此會佛不放光，表行依解法依解光故	普賢菩薩為會主	入佛華莊嚴三昧	二千行門
祇陀園林	放眉間白毫光	如來善友為會主	入獅子頻申三昧	果法門

如天 無比

1943년 영덕에서 출생하였다. 1958년 출가하여 덕흥사, 불국사, 범어사를 거쳐 1964년 해인사 강원을 졸업하고 동국역경연수원에서 수학하였다. 10여 년 선원생활을 하고 1976년 탄허스님에게 화엄경을 수학하고 전법, 이후 통도사 강주, 범어사 강주, 은해사 승가대학원장, 대한불교조계종 교육원장, 동국역경원장, 동화사 한문불전승가대학원장 등을 역임하였다. 2018년 5월에는 수행력과 지도력을 갖춘 승랍 40년 이상 되는 스님에게 품서되는 대종사 법계를 받았다.
현재 부산 문수선원 문수경전연구회에서 150여 명의 스님과 300여 명의 재가 신도들에게 화엄경을 강의하고 있다. 또한 다음 카페 '염화실'(http://cafe.daum.net/yumhwasil)을 통해 '모든 사람을 부처님으로 받들어 섬김으로써 이 땅에 평화와 행복을 가져오게 한다.'는 인불사상(人佛思想)을 펼치고 있다.

저서로 『대방광불화엄경 실마리』, 『무비스님의 왕복서 강설』, 『무비스님이 풀어 쓴 김시습의 법성게 선해』, 『법화경 법문』, 『신금강경 강의』, 『직지 강설』(전 2권), 『법화경 강의』(전 2권), 『신심명 강의』, 『임제록 강설』, 『대승찬 강설』, 『유마경 강설』(전 3권), 『당신은 부처님』, 『사람이 부처님이다』, 『이것이 간화선이다』, 『무비 스님과 함께하는 불교공부』, 『무비 스님의 증도가 강의』, 『일곱 번의 작별인사』, 무비 스님이 가려 뽑은 명구 100선 시리즈(전 4권) 등이 있고 편찬하고 번역한 책으로 『화엄경(한글)』(전 10권), 『화엄경(한문)』(전 4권), 『금강경 오가해』 등이 있다.

대방광불화엄경 강설 제2권

| 초판 1쇄 발행_ 2014년 4월 7일
| 초판 5쇄 발행_ 2020년 5월 23일

| 지은이_ 여천 무비(如天 無比)
| 펴낸이_ 오세룡
| 편집_ 박성화 손미숙 김정은 김영미
| 기획_ 최은영 곽은영
| 디자인_ 고혜정 김효선 장혜정
| 홍보 마케팅_ 이주하
| 펴낸곳_ 담앤북스
   서울특별시 종로구 새문안로3길 23 경희궁의 아침 4단지 805호
   대표전화 02)765-1251 전송 02)764-1251 전자우편 damnbooks@hanmail.net
   출판등록 제300-2011-115호
| ISBN 978-89-98946-17-3 04220

정가 14,000원

ⓒ 무비스님 2014